메타버스로
가는 티켓,
게더타운의
모든 것

메타버스로 가는 티켓,
게더타운의 모든 것

지은이 **김철수, 지성택**

펴낸이 **박찬규**   엮은이 **윤가희**   디자인 **북누리**   표지디자인 **Arowa & Arowana**

펴낸곳 **위키북스**   전화 **031-955-3658, 3659**   팩스 **031-955-3660**

주소 **경기도 파주시 문발로 115, 311호 (파주출판도시, 세종출판벤처타운)**

가격 **24,000**   페이지 **248**   책규격 **188 x 240mm**

1쇄 발행 **2021년 11월 05일**
2쇄 발행 **2022년 03월 24일**
ISBN **979-11-5839-287-1 (13000)**

등록번호 **제406-2006-000036호**   등록일자 **2006년 05월 19일**
홈페이지 **wikibook.co.kr**   전자우편 **wikibook@wikibook.co.kr**

메타버스로 가는 티켓, 제더타운의 모든 것

김철수, 지성택 지음

위키북스

메타버스는 헛것의 세상인가요?

메타버스 열풍이 거셉니다. 기업교육에도 메타버스, 학교수업에도 메타버스, 지자체 축제에도 메타버스, 전시회에도 메타버스. 여기저기서 메타버스를 노래합니다.

"김 대리님, 이번 교육은 메타버스에서 해보는 게 어때요?"

"이 선생님, 다른 학교는 메타버스에서 수업한다는데 우리도 뭔가 해야죠?"

"박 주무관님, 이번 지역 축제를 메타버스에서도 여는 게 좋겠죠?"

"최 컨설턴트님, 저희 회사 메타버스 사업 전략 좀 짜 주세요."

"문 사장님, 저희는 메타버스에서 미팅하시죠?"

…

메타버스에 타려는 사람은 많은데 메타버스를 운전할 사람은 없습니다. 무슨 버스가 메타버스인지도 모릅니다. 헛것이 보이면 AR, 헛것만 보이면 VR, 헛것과 말하면 메타버스라는 우스갯소리도 있습니다. AR이 메타버스인지 애들 게임이 메타버스인지, 메타버스가 미래인지 거품인지 주장이 분분합니다.

메타버스는 우리가 만드는 신대륙입니다

제가 딱 잘라 정의해 드리겠습니다. 수백 년 전 유럽인에게 아메리카는 헛것 같은 가상의 세계였습니다. 엘도라도, 샹그릴라, 신대륙, 이상향… 이 모두 메타버스였습니다. 지금 화성이나 우주, 저 심해 바다도 우리에겐 메타버스입니다. 마블의 세계관인 MCU(Marvel Cinematic Universe)도 메타버스고 BTS 유니버스도 메타버스입니다. 메타버스는 우리가 만들 수 있는 신대륙인 것입니다

신대륙에 가려면 현재의 공간을 벗어나야 하고 시간의 차이를 인정해야 합니다. 그곳에는 그곳만의 법이 있고 그곳 나름의 화폐 경제를 갖고 있습니다. 지금의 공간, 시간, 상식, 체계의 경계를 넘어서야만 비로소 그 경지에 다다를 수 있습니다. 기존의 생각과 행동으로는 신대륙에 발을 디딜 수 없는 것입니다.

게더타운은 누구나 처음 만나는 메타버스입니다

현실 우주를 처음 여행하는 사람이라면 어디부터 갈까요? 당연히 달입니다. 처음부터 태양이나 천왕성이나 안드로메다를 가진 않을 겁니다. 그렇다면 메타버스를 처음 여행하는 사람이라면 어디부터 가야 할까요? 우주 여행의 첫 기착지가 달이라면 메타버스의 첫 기착지는 게더타운입니다. 아이러니하게도 게더타운이 가장 '현실적'이니까요.

달이 우주에 속하면서도 지구에 속한 것처럼 게더타운도 현실과 메타버스의 경계에 있습니다. ZOOM이나 구글미트처럼 화상회의도 가능하면서 나만의 아바타를 꾸미고 가상의 맵을 직접 만들 수 있습니다. 제페토처럼 화려하지도 않고 로블록스처럼 게임이 많지도 않지만 그것이 오히려 게더타운의 매력입니다. 달처럼 단순하면서도 신비롭습니다. 평생 못 가볼 것 같지만 또 전혀 불가능하지도 않은 것이 달인 것처럼 게더타운도 마음만 먹으면 얼마든지 활용할 수 있습니다.

이 책은 메타버스를 여행하는 히치하이커를 위한 안내서입니다

게더타운은 메타버스로 가는 티켓입니다. 게더타운에 집을 짓는 순간 그 어떤 메타버스로든 갈 수 있는 면허를 받습니다. 그래서 우리는 게더타운의 모든 것을 설명하고자 이 책을 썼습니다.

1부는 메타버스 시대에 왜 게더타운을 선택해야 하는지 그 이유를 알려드립니다. 서비스 오픈 1년도 안 되어서 무려 2조 원의 가치를 가진 게더타운 운영사와 창업자 이야기도 들려드립니다. 다양한 활용 사례도 엄선했습니다.

2부는 게더타운을 처음 사용하는 사람을 위해 접속부터 소통까지 자세한 사용법을 다뤘습니다. 각종 화면 구성부터 캐릭터를 움직이는 방법을 아주 쉽게 설명했습니다.

3부는 직접 맵을 만들어 운영하는 법을 알려드립니다. 게더타운은 누구나 간단히 나만의 맵을 만들어 나만의 메타버스를 운영할 수 있습니다. 예전 싸이월드 미니홈피를 만드는 것처럼 나름의 재미도 있습니다. 실제로 운영할 때 비용을 절감하는 방법과 서비스 상태 등을 확인하는 IT 관점의 전문적인 내용도 다뤘습니다.

4부는 독자가 직접 따라해 보며 맵을 만드는 실습과, 실전에서 맵을 만든 후기, 게더타운이 공개한 사례를 분석한 글을 올렸습니다. 한쪽 한쪽 넘기며 읽고 따라하다 보면 어느새 게더타운 전문가가 되어 있을 것입니다.

우리와 함께 메타버스에 지금 바로 탑승하세요

이 책은 게더타운 사용법을 다룬 매뉴얼이 아닙니다. 이 책은 메타버스를 여행하는 히치하이커를 위한 안내서(The Hitchhiker's Guide To The Metaverse)입니다. 메타버스 여행의 첫 번째 기착지인 게더타운을 여행하는 안내서입니다. 이미 여행을 시작했다면 이 책은 좋은 친구가 될 것입니다. 아직 여행을 시작하지 않았다면 이 책을 읽는 것만으로도 메타버스를 미리 여행하는 즐거움을 가질 것입니다.

우리는 이미 가족과 친구와 동료와 메타버스를 여행하고 있습니다. 이곳엔 이미 수많은 사람들이 여행하고 있습니다. 이곳 신대륙에서 새로운 기회도 찾고, 더 좋은 현실을 만드는 연구도 하고, 현실보다 더 현실 같은 경험도 얻고 있습니다. 메타버스로 여행할지 말지는 독자 여러분의 선택이지만 어차피 세상의 중심은 메타버스로 넘어가고 있습니다. 우리는 이미 역사에서 이 사실을 배웠습니다.

'김철수 메타버스'에 여행 온 아내에게 감사하며, **김철수** 지음
메타버스 세계로 여행을 허락한 아내에게 고마움을 담아, **지성택** 지음

01부

메타버스 시대, 왜 게더타운인가?

02부

게더타운 접속과 사용하기

03부

맵 만들고 운영하기

04부

게더타운
개발 실전 사례

메타버스 시대,
왜 게더타운인가?

모두를 위한
메타버스 플랫폼

코로나 팬데믹과 메타버스 도구

2020년 2월, 예정된 강의를 하러 기업 연수원, 공공기관 강당, 지방 리조트 콘퍼런스 룸을 향하던 많은 강사들에게 강의 취소 전화와 문자가 쏟아졌습니다. 코로나 팬데믹의 시작이었습니다. 교육이나 행사를 준비하던 기업교육 담당자도, 초중고 교사도, 대학교수도, 복지시설 직원도 처음 겪는 코로나 팬데믹에 황망하고 절망했습니다.

하지만 이대로 무기한 교육을 멈출 수 없었습니다. 행사를 취소할 수도 없었습니다. 입학을 연기할 수도 없었습니다. 공공시설의 문을 언제까지 걸어 잠글 수 없었습니다. 우리는 대면에서 비대면으로 전환하기 시작했습니다. ZOOM^줌, 웹엑스^{WEBEX}, 구글 미트^{Google Meet} 등 화상회의 도구를 사용해서 비대면 교육, 비대면 행사, 비대면 입학을 추진했습니다.

그림 1-1 한 대학의 ZOOM 입학식 모습. 출처: 동국대학교

과거 인류는 석기 대신 청동을, 청동 대신 철기를 사용하며 생존하고 진화했습니다. 우리도 ZOOM과 같은 새로운 도구를 사용하여 코로나 팬데믹 위기를 극복하고 있지 않을까요? 그렇다면 이제 ZOOM과 더불어 사용할 다음 도구를 선택해야 할 때가 오지 않았을까요?

그림 1-2 인류는 새로운 도구를 만들고 사용하면서 진화했다.

코로나 팬데믹에서 우리는 ZOOM과 같은 화상회의 툴을 선택했습니다. 화상회의 툴은 많은 사람들에게 유용했습니다. 강사나 교수나 교사는 집에서 학습자의 얼굴을 보며 교육할 수 있게 됐습니다. 기업 행사나 워크숍도 랜선 이벤트란 이름으로 진행할 수 있었습니다. 방 탈출도 하고 다양한 놀이도 할 수 있게 됐습니다.

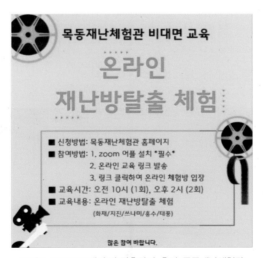

그림 1-3 ZOOM에서 방 탈출하기. 출처: 목동재난체험관

그림 1-4 ZOOM으로 놀이하기. 출처: 나승빈 선생님 유튜브

그런데 화상회의로는 뭔가 만족하지 못하는 것이 있었습니다. 오프라인에서만 가능했던 활동이나 삼삼오오 모여 담소를 나누는 일은 ZOOM에서 구현하기가 어려웠습니다. 화상회의는 호스트가 전체를 운영하거나 이끌어야 하므로 아무나 쉽게 접근할 수 없었습니다. 호스트가 자기만의 무엇을 미리 만들기도 어렵고, 단순히 자기 화면이나 어플을 공유하는 정도에 그쳤습니다. 학습자도 자신의 개성을 나타낼 수 없었고 다른 사람과 어울리는 것도 쉽지 않았습니다.

게더타운은 화상회의 그 이상

그렇다면 기존 화상회의 툴의 한계를 넘는 툴이 있을까요? 메타버스란 이름으로 많은 사람들이 제페토, 마인크래프트, 로블록스, 이프랜드 등을 떠올렸습니다. 그러나 이런 툴은 3D 기반으로 모바일에 최적화돼 있습니다. 기본적으로 화상회의를 할 수 있는 툴도 아닙니다. 이런 툴은 한 방향의 연설이나 소식 전달에만 사용되는 등 한계가 있었습니다.

그림 1-5 3D 기반 제페토에 가상 오피스를 만든 서울창업허브

그러다가 나온 것이 바로 게더타운입니다. 게더타운은 지금까지 우리가 생각했던 방식과 완전히 달랐습니다. 3D도 아니고, 2D나 8bit 도트로 맵, 물건, 캐릭터를 만듭니다. 마치 싸이월드와 ZOOM을 합친 것 같고, 바람의 나라와 ZOOM을 합친 것 같기도 합니다. 다른 캐릭터에 가까이 가면 비디오가 켜지고 멀어지면 소리도 안 들립니다. 마치 실제로 오프라인에서 사람들을 만나 이야기하는 것 같습니다.

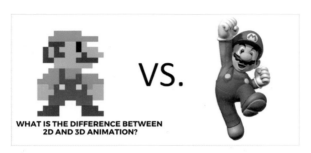

그림 1-6 3D는 이성적이지만 2D는 감성적이다.

게더타운에서 우리는 가상 오피스나 가상 강의실을 만들고, 캐릭터를 이용해서 가상 공간을 돌아다닙니다. 누구와도 대화할 수 있고 다른 곳으로 이동도 가능하고 필요하다면 나만의 공간도 만들 수 있습니다. 새로 만들어진 사옥에 화분을 선물할 수도 있고 직접 사옥을 지어 사람들을 초대할 수도 있습니다. 게더타운은 단순히 화상회의 툴이 아니라 메타버스 플랫폼인 것입니다.

그림 1-7 LG CNS가 게더타운에 만든 LG CNS 타운

왜 개더타운이 아니라 게더타운일까?

게더타운은 영어로 Gather Town입니다. 외래어 표기법에 따라 '개'더타운이라 해야 옳습니다. Apple을 '애'플이라고 하고 bed를 '베'드라고 해야 하듯이 말입니다. 그런데 왜 Gather는 게더가 됐을까요? 아니, 일단 게더타운과 개더타운, 둘 중 어느 것을 사람들이 더 쓰는지 알아야 합니다. 다음 그림은 네이버 데이터랩에서 게더타운과 개더타운을 검색한 결과입니다. 보다시피 게더타운 검색량은 늘어나는 반면, 개더타운 검색량은 조금 늘더니 정체하고 있습니다.

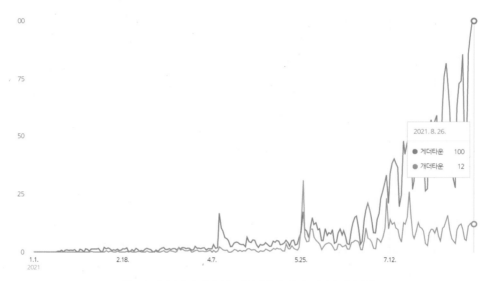

그림 1-8 게더타운과 개더타운 검색량 추이. 출처: 네이버 데이터랩

사람들이 개더타운 대신 게더타운으로 쓰는 데는 세 가지 이유가 있습니다.

첫째는 게더타운을 먼저 접한 사람들이 Gather를 Together(투게더)로 잘못 생각했습니다. 즉, Gather가 Together를 줄인 말이라 생각했기 때문에 Together의 표기인 투'게더'에서 '게더'를 가져온 것입니다.

둘째는 구글에서 개더타운을 검색하면 "이것을 찾으셨나요? 게더타운"이라고 묻기 때문입니다. 구글은 우리나라의 외래어 표기법을 따르지 않고, 많은 사람들이 검색하는 단어를 기준으로 합니다. 지금까지 '개더'보다는 '게더' 검색어가 더 많았고, 따라서 개더타운을 게더타운으로 추천한 것입니다.

그림 1-9 구글에서 개더타운을 검색하면 게더타운을 제시한다.

셋째는 현실의 '개'더타운이 아니라 메타버스의 '게'더타운을 의미하기 위해 의도적으로 '게'더타운이라
말하는 사람이 많기 때문입니다. 메타버스는 가상의 세계이므로 현실의 '개'보다는 '게'가 더 낫다는 생
각이죠. 언어유희라고도 할 수 있습니다. '메'타버스의 '게'더타운이 뭔가 라임도 맞는 것 같습니다.

게더타운은
뭐가 다른가?

사람을 만나는 더 좋은 도구

언론은 이미 게더타운을 일찌감치 알아봤습니다. 포브스^{Forbes}는 ZOOM이 참가자가 들락날락하는 형식인 반면, 게더타운은 공간을 돌아다니며 다른 사람과 자연스럽게 어울릴 수 있는 형식이라고 말합니다. 뉴욕타임스^{The New York Times}는 게더타운에서는 더 이상 소외감을 느낄 필요가 없다고 말합니다. 와이어드^{Wired}는 게더타운에서 행사를 열면 여기저기 돌아다니며 다른 대화에 참여할 수 있어서 즐겁다고 말합니다. 한마디로 게더타운은 온라인에서 다른 사람을 만나는 더 좋은 방법입니다.

"Instead of it being the Zoom-style rooms you enter and leave, Gather feels so much more natural, with you wandering around the space and mingling between groups." – Forbes

"공식적으로 들락날락하는 줌에 비해 게더타운은 훨씬 자연스러운 느낌입니다.
공간을 돌아다닐 수 있고 여러 그룹 사이에 섞이기도 좋죠." – 포브스

"In the past, friends who didn't live in town often complained about feeling left out; now they didn't have to be . . . The convenience was undeniable." – The New York Times

"지금까지 멀리 사는 친구들은 멀리 떨어져 있는 것 같고 불평도 종종 했어요.
그런데 지금은 그럴 필요가 없어요. 이보다 편리할 수 없어요." – 뉴욕타임스

"My events on Gather just feel fun . . . I've been able to wander around and join different conversations; I didn't have to stay "on" as the unofficial emcee the entire time." – Wired

"게더타운에서 이벤트를 열면 제가 즐겁습니다. 전 마음대로 돌아다닐 수 있고 다른 사람의 대화에 낄 수도 있습니다. 이벤트 관리자로 항상 대기 상태일 필요가 없습니다." – 와이어드

게더타운은 홈페이지에서 자신을 "video chat platform designed to make virtual interactions more human"이라 정의합니다. 가상의 상호 작용을 더 자연스럽게 만들 수 있는 비디오 채팅 플랫폼인 것입니다. 그리고 게더타운의 특성을 세 가지로 정의합니다. 첫째, 어색하지 않은 대화, 둘째, 애플리케이션 통합, 셋째, 나만의 가상 세계 만들기.

그림 2-1 게더타운은 온라인에서 다른 사람을 만나는 더 좋은 도구다.

어색하지 않은 대화

게더타운의 첫 번째 특징은 자연스러운 대화입니다. 기존 화상회의는 서로 일정을 잡고 툴을 실행하고 회의 아이디나 비밀번호를 넣고 입장해야 합니다. 다른 사람을 만나는 일정한 절차와 규칙을 준수해야 합니다. 게다가 입장과 동시에 바로 서로 얼굴을 보거나 보여줘야 해서 다소 어색한 점이 있습니다.

하지만 게더타운은 가상 공간에서 캐릭터를 움직여 근처에 있는 사람에게 다가가면 자연스럽게 화상회의가 켜지고 소리가 들립니다. 그것도 물리적 공간에서 실제로 다가가는 것처럼 느껴집니다. 오프라인처럼 자연스럽게 대화가 시작되고, 또 멀어지면 자연스럽게 대화가 끊깁니다.

여러 명이 대화하고 있는 곳에 끼기도 쉽습니다. 그냥 그 옆으로 가기만 하면 됩니다. 다른 사람을 방해하고 싶지 않다면 고스트 모드로 바꿔서 투명 인간처럼 그냥 지나갈 수도 있습니다. 특정 지역에서 100명이 대화할 수도 있고, 많은 사람이 모여 있어도 두세 명이 버블을 만들어 소곤소곤 이야기 할 수도 있습니다.

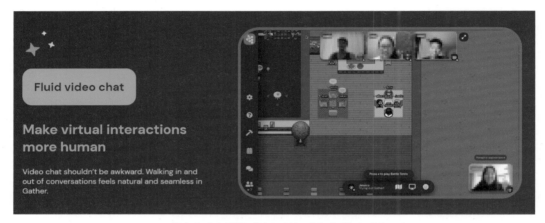

그림 2-2 게더타운은 대화를 자연스럽게 시작할 수 있다.

또한 마치 게임을 하듯이 캐릭터를 움직일 수 있습니다. 그래서 1996년에 넥슨이 만든 게임인 바람의 나라와 비슷합니다. 바람의 나라는 최근에 모바일로도 다시 선보여서 2030 세대도 사용하고 있습니다.

그림 2-3 바람의 나라 초기 버전. 출처: 한경닷컴 게임톡

애플리케이션 통합

게더타운의 두 번째 특징은 다양한 외부 애플리케이션을 삽입할 수 있다는 것입니다. 기존 회상회의 툴이 화면을 공유하는 것과는 좀 다른 개념입니다. 게더타운은 책상이나 컴퓨터, 칠판이나 TV 같은 오브젝트를 맵에 추가한 뒤 이들 오브젝트에 캐릭터가 가까이 갔을 때 특정 웹사이트나 유튜브 비디오, 텍스트나 이미지를 보여줄 수 있습니다.

같이 그림을 그릴 때는 화이트보드 애플리케이션이 연결된 화이트보드 오브젝트에 다가가면 됩니다. 유튜브 비디오를 보고 싶을 때는 유튜브 비디오와 연결된 TV 옆으로 가면 됩니다. 오브젝트에 컨텐츠나 애플리케이션이 연동되면서 기존 화상회의에서는 할 수 없었던 다양한 상호 작용과 새로운 경험을 만들 수 있습니다.

방 탈출 게임 같은 것을 쉽게 만들 수 있습니다. 각종 사물에 힌트를 숨겨놓고 사람들이 돌아다니며 사물과 연결된 힌트를 보면서 최종 답안을 애플리케이션에 제출하는 식입니다. 가이드 투어도 가능합니다. 큰 박물관을 맵으로 구현한 뒤 입장부터 완료까지 각 방에서 미술 작품을 감상하고 소감을 남기는 것도 가능합니다.

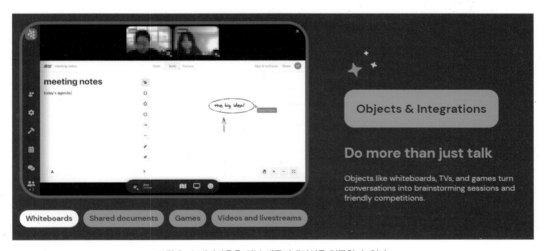

그림 2-4 게더타운은 외부 애플리케이션을 연동할 수 있다.

나만의 가상 세계 만들기

게더타운의 세 번째 특징은 누구나 자기만의 가상 세계를 만들 수 있다는 것입니다. 다른 메타버스 플랫폼이 주로 3D나 VR 기술을 사용하는 반면, 게더타운은 누구나 쉽게 만들 수 있는 2D 도트 그래픽을 사용합니다. 윈도우의 그림판이나 무료 픽셀 아트 소프트웨어 또는 디자인 웹 애플리케이션을 사용해서 누구나 쉽고 빠르게 나만의 가상 세계를 만들 수 있습니다. 특별한 기술도 필요 없습니다. 심지어 파워포인트로 만들어서 배경 이미지로 업로드할 수도 있습니다. 직접 맵을 만들기 부담스럽다면 기존 템플릿을 활용하는 것도 가능합니다. 또한 인터넷에 퍼져 있는 다양한 맵을 구해서 업로드하는 것만으로도 간단하게 자기만의 가상 세계를 만들 수 있습니다.

한 스페이스에서 다른 스페이스로 이동하는 것도 가능합니다. 예를 들어 사옥 건물에서 연수원 건물로 순식간에 이동할 수 있습니다. 연수원 건물 안에서 다양한 강의실을 단독 룸으로 만들어 다른 룸으로 이동할 수도 있습니다. 한 스페이스에 사옥 건물과 연수원 건물을 모두 넣을 수도 있고, 한 룸에 수많은 강의실을 모두 집어넣을 수도 있습니다.

그림 2-5 게더타운은 자기만의 가상 세계를 만들 수 있다.

무료 버전에서도 시간 무제한

게더타운에서 화상회의는 시간 제약 없이 무제한으로 할 수 있습니다. ZOOM은 자체 서버를 통해서 비디오와 오디오를 중개하기 때문에 많은 사람이 오래 사용할수록 비용이 계속 늘어납니다. 게더타운은 브라우저와 브라우저를 직접 연결하는 방식을 사용하기 때문에 비용 부담이 적어서 무제한 사용을 허용합니다.

물론 이때 주의해야 할 것은 보안입니다. ZOOM은 자체 서버에서 암호화해서 수신하고 암호화해서 송신하기 때문에 어느 정도 보안이 보장됩니다. 하지만 게더타운은 비디오와 오디오를 날 것 그대로 전송하고 수신하기 때문에 중간에 해커가 가로채기라도 하면 그 내용을 그대로 볼 수 있습니다. 따라서 보안이 매우 중요하다면 ZOOM을, 그렇지 않다면 게더타운을 사용하는 것이 이익입니다.

게더타운은 동시 접속자 25명까지 무료로 쓸 수 있습니다. 일반적인 기업 교육이나 부서는 25명을 잘 넘지 않습니다. 아주 큰 행사가 아니라면 말이죠. 이것도 스페이스를 기준으로 하므로 스페이스를 여러 개 만들어서 사람들을 분산하면 사실상 25명을 초과해도 무료로 사용할 수 있습니다. 물론 동시에 한 스페이스에 25명을 초과해서 모이려면 유료 버전을 사용해야 합니다.

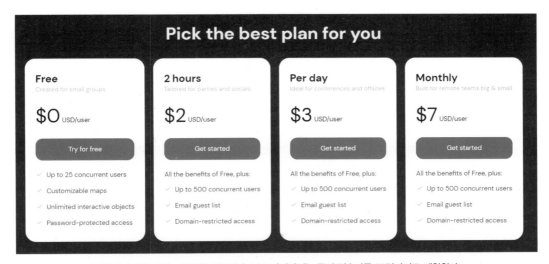

그림 2-6 화상회의는 무제한 무료이며, 무료 버전에서는 동시 접속자를 25명까지로 제한한다.

감성을 자극하는 8bit 그래픽

30대 이상의 대한민국 국민 중에 제페토나 마인크래프트, 로블록스나 이프랜드 같은 것은 몰라도 싸이월드를 모르는 사람은 없습니다. 30대 이상에게 싸이월드는 기분 좋고 정겹고 친숙한 존재입니다. 그런 싸이월드의 8bit 감성이 게더타운에 그대로 녹아 들어가 있습니다.

싸이월드에서 미니룸을 꾸미는 것이 게더타운에서 맵을 만드는 것입니다. 미니룸에 여러 가구나 도구를 배치하는 것이 게더타운에서 오브젝트를 배치하는 것입니다. 싸이월드에서 미니미를 꾸미는 것이 게더타운에서 캐릭터를 꾸미는 것입니다.

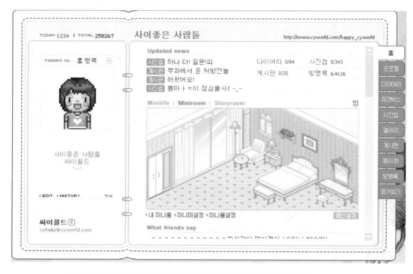

그림 2-7 싸이월드의 미니룸과 미니미가 8bit 감성이다. 출처: KBS 뉴스

그림 2-8 게더타운도 미니미와 미니룸 같은 8bit 감성이다.

사실 싸이월드 미니룸과 미니미는 정확히 말하면 8bit가 아니라 16bit 그래픽입니다. 그런데 컴퓨터를 처음 사용했을 때 일반적으로 8bit 그래픽과 오디오를 사용했기 때문에 '옛날 감성'을 흔히 8bit 감성이라고 합니다. 최근에는 도트 그래픽, 또는 픽셀 아트라 불립니다.

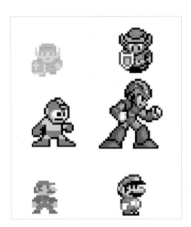

그림 2-9 왼쪽이 8bit, 오른쪽이 16bit다. 사실 싸이월드는 8bit가 아니라 16bit 도트 이미지라고 해야 정확하다.
(출처: https://m.blog.naver.com/eternalguard/221556137099)

중요한 것은 이런 감성을 30대 이상이 자연스럽게 받아들인다는 것입니다. 즉, 게더타운을 처음 본 30대 이상은 바로 싸이월드를 떠올리며 옛날 감성에 젖습니다. 이것은 새로운 툴을 접하는 사람으로 하여금 거부감을 줄이게 합니다. 심지어 싸이월드처럼 게더타운에서도 배경 음악을 틀 수가 있습니다. 음악 오브젝트를 이용하면 자기만의 BGM을 들려줄 수 있는 것이죠.

30대 미만이라도 요즘 복고 트렌드를 경험한 세대이므로 이런 8bit 감성에 쉽게 적응합니다. 10대 20대가 3D나 VR이나 360도 비디오에 익숙한 것 같지만 실제로는 게임이나 오락실 외에서는 3차원 경험을 한 적이 별로 없습니다. 오히려 싸이월드 같은 8bit 감성에 더 이끌립니다.

▲ 버섯마을 마법사

▲ 도시의 야경

▲ 두가지 스타일 내 방

▲ 우리 교회 청년부실

▲ 나무가 보이는 카페

▲ 초밥집

▲ 마법사의 방

그림 2-10 아기자기한 싸이월드 미니룸. 출처: 디자인정글

게더타운 활용 사례
18선

[기업] 가상 오피스부터 가상 지점까지

샌드박스의 가상 오피스

게더타운의 기본은 가상 오피스입니다. 실제 오피스를 게더타운에 그대로 옮겨서 자기 자리에 앉아 일하고 다른 사람과 쉽고 간단히 소통할 수도 있습니다. 디지털 엔터테인먼트 기업인 샌드박스는 창립 6주년 기념행사를 위해 현실과 유사하게 가상 사무실을 만들었습니다. 사무실 한가운데는 큰 라운지를 만들고 음식 그림을 삽입해서 흥을 돋우기도 했습니다.

그림 3-1 샌드박스 가상 사무실의 라운지. 출처: 샌드박스

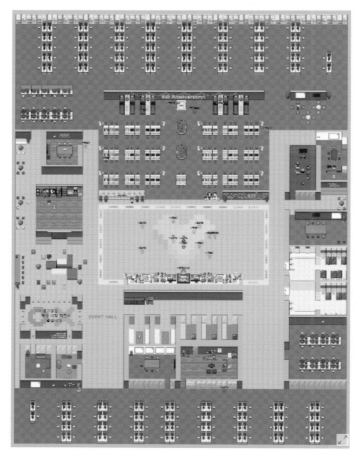

그림 3-2 샌드박스 가상 사무실. 출처: 샌드박스

레퍼런스HRD의 가상 오피스

가상 오피스를 직원용으로만 만들지 않고 외부인이 접속해서 화분도 남기고 상담도 받게 할 수 있습니다. 교육 전문기업 레퍼런스HRD는 게더타운에 가상 오피스를 만들어 놓고 누구나 방문해서 상담할 수 있도록 했습니다.

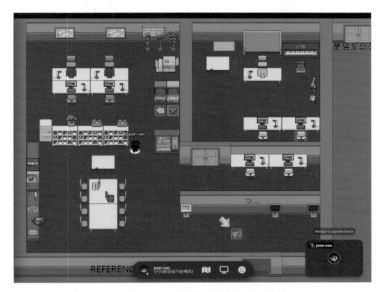

그림 3-3 레퍼런스HRD의 가상 사무실. 출처: 레퍼런스HRD

KB국민은행의 가상 지점

KB국민은행은 메타버스에 가상 영업점인 KB금융타운을 만들었습니다. 은행, 증권, 보험 상담 창구가 마련되어 있고 옆에는 쉴 수 있는 공원도 있습니다. 대기가 있을 때는 테트리스 등 간단한 게임을 할 수 있도록 배려했습니다.

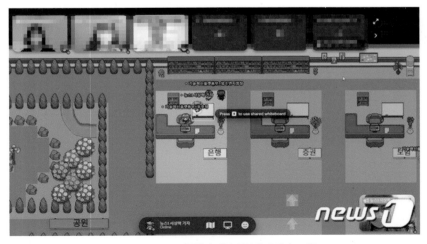

그림 3-4 KB국민은행의 가상 영업점. 출처: 뉴스원

KB국민은행의 신입 행원 연수 개강식

KB국민은행은 신입 행원 연수 개강식을 게더타운에서 진행했습니다. 게더타운에 여의도 신관, 천안연수원, 김포IT센터 등 은행의 주요 건물을 구성했습니다. 또 단순히 건물만 구성한 것이 아니라 곳곳에서 핵심가치 찾기 미션이나 세대공감 퀴즈를 운영하면서 학습에 재미를 더했습니다.

그림 3-5 KB국민은행의 신입행원 연수 개강식. 출처: KB국민은행

삼성화재의 신입사원 수료식

삼성화재는 신입사원 수료식을 게더타운에서 진행했습니다. 맵에는 화상회의로 수업을 듣는 장면을 사진으로 찍어 붙였습니다.

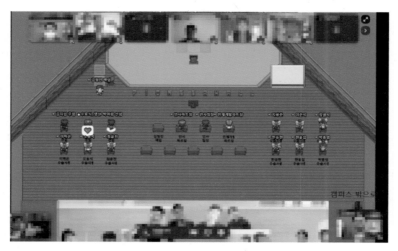

그림 3-6 삼성화재 신입사원 수료식

레퍼런스HRD의 임대용 가상 강의실

교육 전문 기업인 레퍼런스HRD는 게더타운을 교육하기 위해 강의실을 직접 만들었습니다. 기업 교육을 위해 가상 강의실을 임대하는 사업도 시작했습니다.

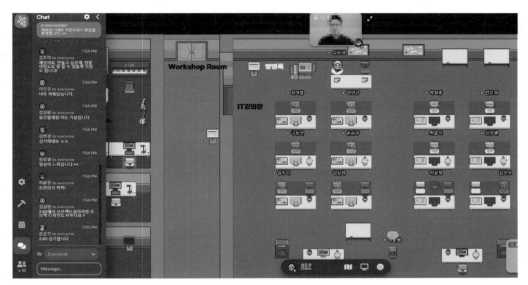

그림 3-7 레퍼런스HRD의 강의실. 출처: 레퍼런스HRD

롯데건설의 채용 설명회

롯데건설은 채용 설명회를 게더타운에서 진행했습니다. 롯데건설의 시그니처 건물을 배경으로 해서 여러 가지 ZONE을 구성했습니다. 롯데캐슬을 공간으로 한 직무상담 ZONE, 롯데월드타워 전망대 SKY31을 구현한 설명회 ZONE, 실제 건설 현장을 재현한 홍보영상 ZONE, 롯데월드를 배경으로 한 퀴즈 ZONE 등입니다. 각 ZONE은 룸으로 구성해서 이동하는 방식이기 때문에 실제로 그 ZONE에 들어가는 듯한 느낌을 받습니다.

각 ZONE에는 해당 직무 실무자와 채용담당자가 있어서 이들과 즉석에서 대화할 수 있습니다. 또 앞서 다른 사람이 상담하고 있으면 뒤에 줄을 서서 자기 차례를 기다리는 것을 보여주기도 합니다. 실무자와 채용담당자도 따로 일정을 잡는 것이 아니라 업무 중에 구직자가 들어오면 알람을 받아 상담에 바로 임하면 되므로 시간을 더 효율적으로 사용할 수 있습니다.

그림 3-8 롯데건설의 채용설명회. 출처: 롯데건설

삼성전기의 공모전 시상식

삼성전기는 '삼성전기 유튜브 공모전 시상식'을 게더타운에서 진행했습니다. 수상자 25명이 참가하고 대표이사도 동영상으로 깜짝 출연했습니다. ZOOM과 같은 화상회의로 시상식을 거행하는 것보다 이렇게 게더타운에서 진행하면 시상식 무대를 만들 수 있어서 실제로 무대에 오르는 듯한 느낌이 납니다.

실제로 수상자는 호명이 되면 무대에 올라 수상하는 느낌을 받을 수 있습니다. 시상하는 사람이나 사회를 보는 사람도 마찬가지로 실제 무대에서 시상하고 사회를 보는 것처럼 느낍니다. 이렇게 현실의 감정이나 행동을 게더타운에서는 손쉽게 구현할 수 있습니다.

그림 3-9 삼성전기 유튜브 공모전 시상식. 출처: 삼성전기

그림 3-10 대표이사가 동영상으로 출연했다. 출처: 삼성전기

[기관] 간담회부터 행사까지

인천청년연구회의 정책 간담회

인천청년연구회는 인천시장을 모시고 게더타운에서 간담회를 진행했습니다. 기존에 화상회의로 하던 간담회를 게더타운에서 진행하면서 서로 자연스럽게 삼삼오오 토론도 하고 모두 한데 모여 의견을 나눌 수도 있습니다.

그림 3-11 인천청년연구회의 간담회

서울시립과학관의 서포터즈 발대식

서울시립과학관은 대학생 에듀 서포터즈 129명의 발대식을 게더타운에서 진행했습니다. 맵을 하트모양으로 만들어 한곳에 모여 단체 사진도 찍었습니다. 앞으로 각종 교육 프로그램을 게더타운에서 진행할 계획도 밝혔습니다.

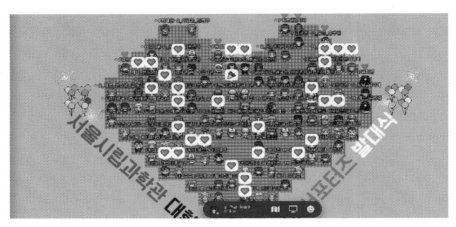

그림 3-12 서울시립과학관의 서포터즈 발대식. 출처: 서울시립과학관

서울 혜성교회의 고등부 수련회

서울 혜성교회는 게더타운에서 고등부 수련회를 열었습니다. 30명이 모여서 메인 홀에서 영상을 시청하고 아케이드 룸에서 3팀으로 나눠 팀별 미션도 진행했습니다. 다시 메인 홀에 모여 다 같이 예배도 드리고 마지막 날에는 카페테리아에 모여 먹방도 같이 했습니다.

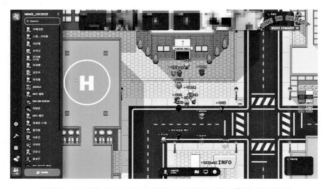

그림 3-13 서울 혜성교회가 만든 교회 주변 거리. 출처: 혜성교회

GDG Campus Korea의 해커톤

구글 기술에 관심 있는 학생이나 개발자가 모인 커뮤니티인 GDG Campus Korea는 게더타운에서 해커톤을 진행했습니다. 게더타운에서 팀원들을 만나 팀 빌딩도 하고 대회일에는 모두 게더타운에 모여 팀끼리 아이디어도 내고 결과물도 보여줬습니다.

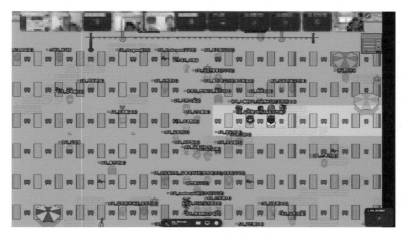

그림 3-14 GDG Campus Korea의 해커톤. 출처: aneljs.log

해커톤을 주최하면서 외부 기업의 협찬을 받을 때도 있습니다. GDG Campus Korea는 협찬 받은 외부 기업의 로고를 맵에 집어넣었습니다.

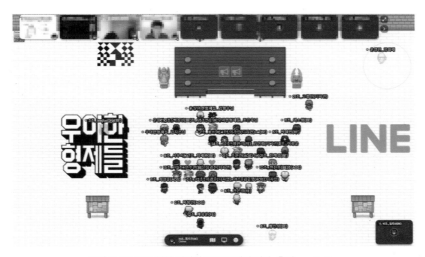

그림 3-15 외부 협찬 기업의 로고를 맵에 넣다. 출처: aneljs.log

[학교] 조별 수업에서 체육 활동까지

나혜진 선생님의 조별 수업하기

초중고 학교 수업을 게더타운에서 하려는 교사가 많아졌습니다. 나혜진 선생님은 게더타운으로 수업을 하면서 단체 수업도 하고 조별 자리를 만들어 조별 수업도 진행할 수 있도록 맵을 만들었습니다. 질문 방도 만들어서 질문방에서 질문도 할 수 있게 하는 등 다양하게 구성했습니다.

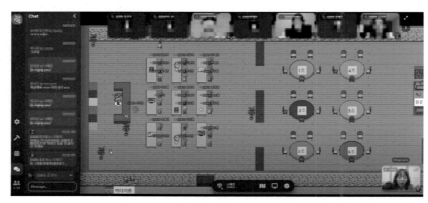

그림 3-16 학교 수업. 출처: 나혜진 유튜브

유튜버 교사 음플릭스의 음악 방 탈출 수업

게더타운을 음악실로 만들고 방 탈출 게임을 접목한 사례도 있습니다. 음악을 직접 듣거나 피아노 애플리케이션을 연결해서 피아노를 치고 같이 듣는 것도 가능하기 때문에 어떤 과목이든 재밌게 수업할 수 있습니다.

그림 3-17 방 탈출 음악 수업. 출처: 음플릭스 유튜브

해림쌤의 체육 수업

게더타운으로 달리기 수업을 할 수도 있습니다. 해림쌤은 게더타운에 트랙을 붙여 놓고 학생들이 스타트 라인에 서게 한 뒤 출발을 외칩니다. 학생들이 캐릭터로 열심히 달리기를 합니다.

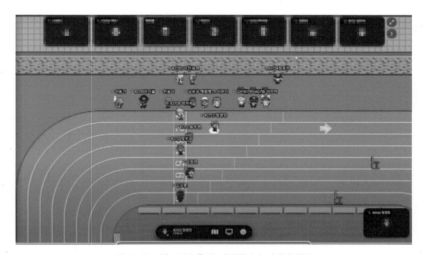

그림 3-18 체육 수업. 출처: 해림쌤의 수업시간 유튜브

트랙 중간에 교육 영상 등을 집어넣어서 마치 운동장에서 공부하는 듯한 효과를 낼 수도 있습니다.

그림 3-19 트랙 중간에 교육 영상을 집어넣었다. 출처: 해림쌤의 수업시간 유튜브

[친목] OX 게임부터 결혼식까지

샌드박스의 단체 OX 게임

팀 워크숍에 빠지지 않는 것이 게임입니다. 그중에서 OX 게임을 게더타운에 구현할 수 있습니다. 맵에 O와 X를 그려 넣고 사람들에게 퀴즈를 내면 사람들은 캐릭터를 움직여서 O 또는 X 위치로 이동합니다. 오프라인에서 OX 게임을 하듯이 그대로 게더타운에서 구현할 수 있습니다.

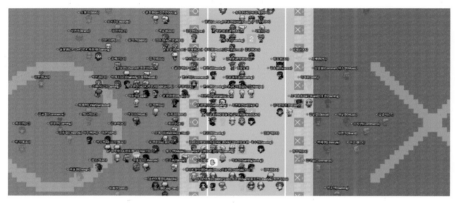

그림 3-20 OX 게임을 하는 사람들. 출처: 샌드박스

Jonnybaker의 미로 탈출

게더타운에서 미로를 탈출하는 게임도 할 수 있습니다. 다양한 미로를 만들어서 탈출 게임을 즐길 수 있습니다.

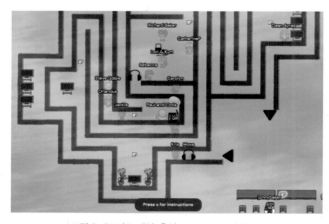

그림 3-21 미로 게임. 출처: Jonnybaker 블로그

글쓰는개미핥기의 결혼식

결혼식을 게더타운에서 할 수도 있습니다. 글쓰는개미핥기는 브런치에 게더타운으로 결혼식 맵을 만들어 올렸습니다. 신부 대기실도 있고 웨딩카도 있고, 맵 바닥에는 두 사람의 사진도 넣었습니다.

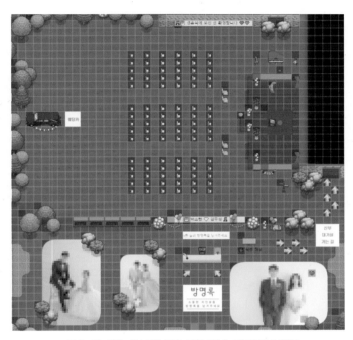

그림 3-22 야외 가상 결혼식장, 출처: 글쓰는개미핥기 브런치

게더타운 Explore에서 직접 경험하기

게더타운은 2021년 9월에 Explore 페이지를 오픈했습니다. 전 세계에서 게더타운을 만들어 쓰는 수많은 사용자에게 응모를 받아서 수십여 개의 베스트 사례를 선정했습니다. 여기에는 3D 느낌이 나는 코카콜라의 원더풀 아일랜드도 있고, 바람의 나라를 똑같이 만든 것도 있습니다. 게더타운 홈페이지 메뉴 중 [Explore Gather]에서 접속할 수 있으며 바로 가기 주소는 다음과 같습니다.

- https://gather.town/app

그림 3-23 게더타운은 사용자에게 다양한 사례를 응모 받아 제공한다. 일부는 비밀번호가 있어야 하지만 절반 정도는 바로 들어가서 사용해 볼 수 있다.

게더타운은
선택이 아닌 필수

설립 1년도 안 돼 기업가치 2억 달러

게더타운을 운영하는 기업은 Gather Presence 사입니다. 이 회사는 2020년 5월에 개발을 시작하고 9월에 설립됐습니다. 이 책의 출간 시점을 기준으로 하면 겨우 1년 남짓한 회사니 정말 신생 기업입니다. 하지만 1년도 안 돼 사용자가 400만 명을 넘으면서 창립 1년만에 메타버스 대표 플랫폼으로 성장하는 것을 보면 정말 요즘 미국 실리콘밸리의 스타트업 붐이 얼마나 대단한지 절실히 와 닿습니다.

Gather Presence 사도 실리콘밸리 대표 도시인 미국 캘리포니아의 샌프란시스코에 위치해 있습니다. 그래서 자연스럽게 스타트업으로 시작했고 2021년 3월에는 시리즈 A로 2천6백만 불, 우리 돈으로 대략 300억 원을 투자받았습니다. 이때 기업 가치는 무려 2억 불, 우리 돈으로 2천2백억 원에 이릅니다. 설립 1년도 안 되어서 2천2백억 원의 가치를 가진 겁니다.

스타트업은 보통 시리즈 투자를 받습니다. 첫 투자를 시리즈 A라고 하고 두 번째 투자를 시리즈 B라고 합니다. 투자가 계속될수록 투자 규모는 급격히 커집니다. 보통 시리즈 A는 시드 머니 개념이므로 적게는 수천만 원, 많게는 수십억 원 정도입니다. Gather Presence 사가 시리즈 A로 300억 원을 투자받았다는 것은 대단히 이례적인 일입니다.

시리즈 A 투자 규모도 중요하지만, 누가 투자했는지도 눈여겨봐야 합니다. Gather Presence 사 시리즈 A 투자자는 총 6팀입니다. 그중에는 세쿼이아 캐피탈Sequoia Capital과 와이 콤비네이터Y Combinator가 있습니다.

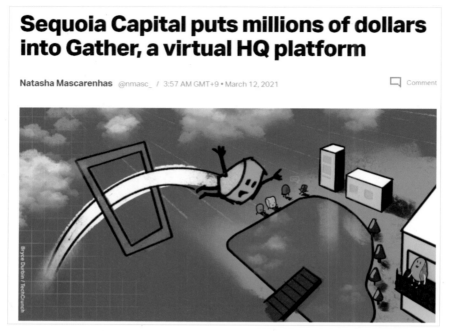

Sequoia Capital puts millions of dollars into Gather, a virtual HQ platform

Natasha Mascarenhas @nmasc_ / 3:57 AM GMT+9 • March 12, 2021   💬 Comment

그림 4-1 세쿼이아 캐피탈 등이 게더타운 운영사에 2천6백만 불을 투자했다. 출처: TechCrunch

세쿼이아 캐피탈은 세계에서 5위 안에 드는 벤처 캐피탈입니다. 글로벌 시장조사기관 CB 인사이트^{CB} _{Insights}는 2013년에 세쿼이아 캐피탈을 세계 벤처 캐피탈 1위로 인정했습니다. 세쿼이아 캐피탈은 1972 년부터 투자를 시작했으며 주요 투자처로는 애플, 구글, 유니티, 오라클, 유튜브, 인스타그램, 페이팔 등이 있습니다. 화상회의 툴로 유명한 ZOOM도 세쿼이아 캐피탈이 투자했습니다.

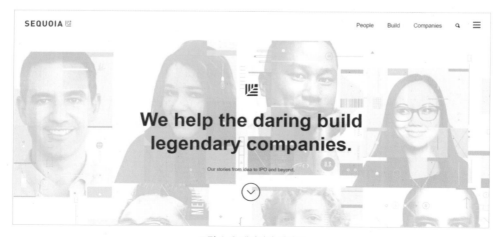

그림 4-2 세쿼이아 캐피탈

와이 콤비네이터는 2005년에 설립된 미국의 스타트업 인큐베이터이자 엑셀러레이터^{Accelerator}입니다. 엑셀러레이터는 스타트업 팀을 모아 초기 투자도 하고 교육과 조언도 제공하면서 성장에 기여합니다. 따라서 많은 스타트업이 유명 엑셀러레이터에 초기 투자를 받기를 원하고 그들에게 교육과 조언을 얻기를 원합니다. 와이 콤비네이터는 전 세계 엑셀러레이터 중에서 단연 1위라고 할 수 있습니다. 또한 사실상 세계 최초의 스타트업 엑셀러레이터라고도 할 수 있습니다. 에어비앤비, 드롭박스, 미미박스 등이 와이 콤비네이터 출신입니다.

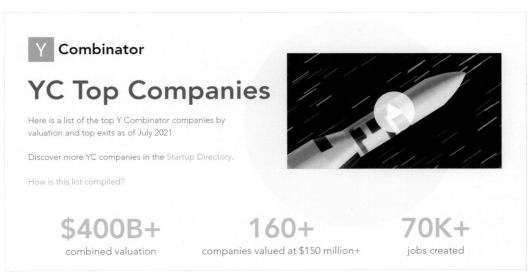

그림 4–3 세계적인 스타트업 육성 기관. 와이 콤비네이터.

대학을 갓 졸업한 친구들과 만든 게더타운

게더타운을 만든 사람은 현재 CEO인 필립 왕^{Philip Whang}과 그의 대학 친구들입니다. 필립 왕은 2016년에 고등학교를 졸업하고 카네기 멜런 대학교 컴퓨터과학과에 진학했습니다. 그가 공개한 대학 학점은 4.00 만점에 3.93이니 공부를 아주 열심히 했다고 볼 수 있겠네요.

그는 대학을 다니면서 마이크로소프트와 페이스북에서 인턴을 했습니다. 그리고 대학을 졸업하자마자 2019년 5월부터 학교 친구들과 새로운 서비스를 1년간 연구하기 시작했습니다. 그때 최종적으로 만든 서비스가 온라인 타운^{Online Town}이며, 이것이 나중에 게더타운^{Gather Town}이 됩니다.

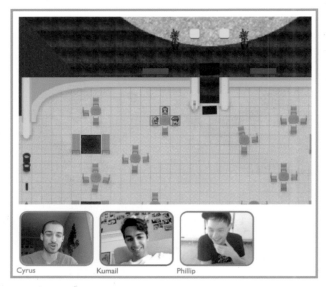

그림 4-4 게더타운의 초기 버전인 온라인 타운에서 게더타운 창업 멤버들이 시현하고 있다. 출처: 와이어드

필립 왕과 그의 친구들이 게더타운 이전에 SIEMPRE란 이름으로 여러 연구를 시작했습니다. 예를 들어 VR로 친구를 만나고 대화하고 가상의 공간을 여행하고자 했습니다. 그러다가 자신들의 사무실부터 가상으로 옮기기 시작했습니다. 멀티스크린을 공유하거나 가상의 화이트보드를 사용하거나 사용자가 가상 인간으로 보이게 하는 등 여러 가지를 실험하고 연구했습니다.

그림 4-5 게더타운을 만들기 전에는 VR로 가상 사무실과 가상 캐릭터를 연구했다. 출처: https://siemprecollective.com/

그들은 심지어 양방향 오디오 디바이스도 만들었습니다. 팔찌 모양으로 만든 이 기기에는 자주 통화하는 사람의 사진이 붙어 있고, 사진을 누르면 해당 사람에게 전화합니다.

그림 4-6 게더타운을 만들기 전에 만든 팔찌 모양의 캐릭터 전화기(?)

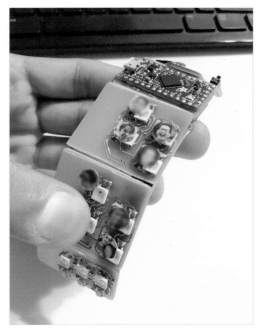

그림 4-7 회로판 위에 창업 멤버 사진을 붙여 놓았다. 사진을 누르면 그 사람에게 전화한다.

그들은 이외에도 친구에게 도움을 요청하는 어
플, 무료로 친구와 통화할 수 있는 어플 등도 만
들었습니다. 홀로 그래픽 비디오 챗도 만들었으
며 VR을 제어하는 로봇도 실험했습니다. 어떻게
보면 이런 다양한 시도 끝에 게더타운이 나왔고,
그래서 게더타운은 보통 사람들은 생각지도 못했
던, 그래서 재밌고 특이한 서비스가 됐습니다.

그림 4-8 게더타운을 만든 필립 왕과 그의 친구들

게더타운의 미래는 메타버스 플랫폼

우리가 지금 게더타운을 배워서 활용하려면 게더타운이 지속 가능한지, 앞으로는 어떻게 진화할지 알
아야 합니다. 일단 게더타운은 수백억의 투자금으로 지금보다 훨씬 안정적인 서비스를 제공할 것입니
다. 2020년 초 ZOOM이 다소 불안정했던 것을 기억하는 분들이 지금 더 이상 ZOOM 사용을 불안해
하지 않는 것처럼, 게더타운도 점차 안정화될 것입니다.

또한 게더타운이 메타버스 플랫폼을 선언한 만큼, 앞으로도 다양한 아이디어가 접목될 것입니다. 2021
년 8월에는 캐릭터를 본인이 직접 조합할 수 있도록 업데이트 됐습니다. 아직 게더타운과 연결할 수 없
는 구글 잼보드 같은 서비스도 점차 쉽고 빠르게 연결될 것입니다. ZOOM이 앱 마켓플레이스를 오픈
해서 외부의 다양한 도구를 연결하는 것처럼 말이죠. 어쩌면 비즈니스 시장에서 메타버스를 주도하는
대표 플랫폼으로 우뚝 설지도 모를 일입니다. 그러니 지금 바로 게더타운에 전입하세요.

국내
게더타운 선도자들의
생각은?

게더타운을 누구보다 먼저 시작한 사람들이 있습니다. 그들은 메타버스를 어떻게 생각하고 어떻게 활용하고 있을까요? 실제로 맵을 만들고 운영을 하면서 어떤 경험을 했을까요? 그 과정에서 어떤 것을 배웠을까요? 우리는 게더타운 선도자를 수소문해서 인터뷰했습니다. 그들의 경험과 생각을 들어보겠습니다.

"게더타운은 메타버스 놀이 문화의 발원지"
김상완 올댓플레이 대표

간단히 자기소개 부탁합니다.

HRD 게이미피케이션 기획과 강의를 하는 '올댓플레이'의 김상완 대표입니다. 기존 일반적인 교육과정이나, 게임과 전혀 관련 없는 분야를 게임처럼 즐겁게 하는 만드는 것이 게이미피케이션인데요, 저는 게임 기반 학습을 위한 앱이나 보드게임 등을 기획하고 있습니다.

게더타운을 어떻게 알게 됐고, 처음 본 느낌은 어땠나요?

유튜브에서 새로운 강의도구를 검색하다가 알게 됐고, 오랜만에 보는 2D라 매우 반가웠습니다. 어스토니시아 스토리, 이스, RPG 쯔꾸르 같은 예전에 즐기던 고전 게임의 향수를 불러왔습니다. 그리고 2D를 선택한 것이 신의 한 수라고 생각합니다. 앱 설치 없이, 로그인 없이 웹에서 바로 접속하여 다수 공간에 참여하기 위해서 가장 낮은 성능으로 작동되는 환경을 구현한 점이 대단하다고 생각했습니다.

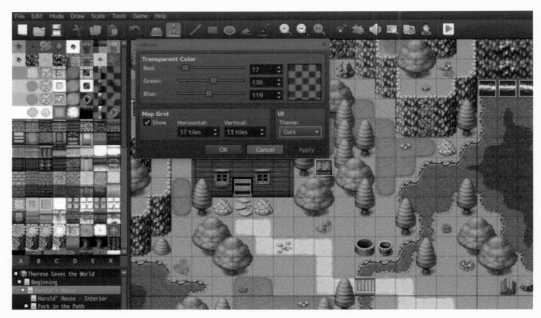

RPG 게임을 만드는 소프트웨어 RPG 쯔꾸르 95. 출처: https://hhhhhjz.tistory.com/209

게더타운은 다른 툴과 무엇이 다른가요?

2D라서 그 차이점이 더욱 도드라지는데요. 우선 빠른 업데이트입니다. 기민하다고 생각되는 ZOOM 보다 훨씬 빠른 UI 개선과 디자인 업데이트는 감탄할 정도입니다. 두 번째는 맵 구현이 대중화되는 것입니다. 메타버스 도구 중에 맵 제작을 일반인들도 쉽게 할 수 있는 프로그램은 게더타운이 유일합니다. 세 번째는 상호작용입니다. 거리에 따라 캠과 마이크가 켜지는 방식이나, 스포트라이트, 프라이빗 에어리어 등의 기능으로 목적에 따라 행사, 강의, 소모임 등을 성공적으로 운영할 수 있습니다.

게더타운으로 무엇을 했고, 무엇을 계획하고 있나요?

먼저 개인 사무실을 만들어 고객이나 방문자들과 미팅하고 있고, 활동 중이었던 동호회 공간들도 만들어서 시도 때도 없이 모임을 하고 있습니다. 50~100명 규모의 그룹 신입사원 교육, 승진자 과정 등을 진행하고 있습니다. 강의하고 있는 컨텐츠가 아무래도 활동적인 액티비티나 게임 기반 학습이기 때문에 기존 ZOOM에서 제약이 있던 다이나믹을 오프라인과 유사하게 연출하고 있습니다. 앞으로 있을 다양한 프로그램을 위해서 게더타운 플레이월드를 만들고 있으며, 핵심가치와 리더십 경험을 위한 액티비티 체험관들을 만들고 있습니다.

가상 사무실 바로 옆에 개인 해변을 만들어 편안한 분위기의 대화 공간으로 활용하고 있다.

게더타운은 앞으로 어떻게 될까요?

1차 웨이브는 줌처럼 학습자와 강의자들에게 익숙한 툴로 자리 잡을 것이고, 2차 웨이브는 다양한 크리에이터들이 새로운 테마와 디자인의 공간을 만들어 즐기는 메타버스 놀이 문화의 발원지가 될 것입니다. 3차 웨이브는 개인적인 예상이지만, 마인크래프트와 같은 픽셀 기반 3D와 결합해서 빠르게 3차원 공간으로 이동하게 되지 않을까 생각합니다. 누구나 쉽게 접속할 수 있어야 한다는 게더의 개발 철학은 계속 유지할 것 같습니다.

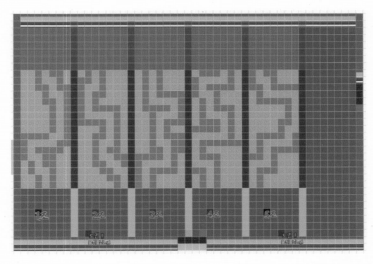

보이지 않는 물속 미로를 통과하는 활동을 위해 제작한 공간으로 포털기능을 통해 장애물을 만들었다.

게더타운 초보자에게 팁을 준다면?

템플릿을 사용하지 말고, 흰 종이에 직접 작은 공간을 만들어 보기 바랍니다. 바닥, 벽, 물건, 지붕이라는 순서, 층, 레이어의 개념을 이해한다면 금방 응용할 수 있을 것입니다.

그밖에 하고 싶은 말이 있다면?

게더타운이 만능은 절대 아닙니다. 지식 전달이나 집중을 요하는 학습에는 기존 도구들이 적합할 수 있으니, 분위기에 휩쓸리지 말고 적절한 도구를 선정하는 것이 비대면 강의에서 효과성을 좌우할 수 있다고 생각합니다.

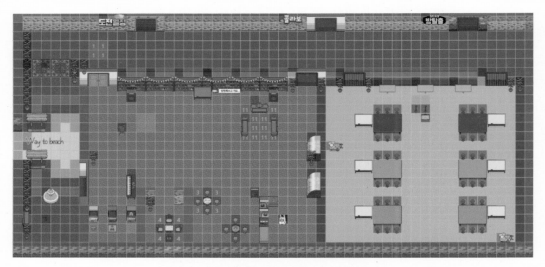

초기 사교장과 강의장을 시작으로 게이미피케이션 공간,
액티비티 공간, 휴식 공간, 개인 집무실 등으로 지속해서 확대해 가고 있다.

"오프라인 과정을 온라인화 할 수 있는 기회"

김윤석 디스커버리러닝 대표

간단히 자기소개 부탁합니다.

게이미피케이션 및 교육 프로그램 개발 전문가입니다.

게더타운을 어떻게 알게 됐고, 처음 본 느낌은 어땠나요?

지인을 통해 알게 됐고 보자마자 엄청난 것이 왔다는 느낌을 받았습니다.

게더타운은 다른 툴과 무엇이 다른가요?

최근 이슈가 되고 있는 제페토나 이프랜드, 로블록스 등과의 차이점은 쉽게 접근할 수 있는 환경과 사용 방법이 아닐까 합니다. 또한 맵을 만드는 방법이나 맵 내의 오브젝트에 다양한 기능을 추가할 수 있다는 점이 교육 부분의 활용에 가장 큰 장점이 아닐까 합니다.

게더타운으로 무엇을 했고, 무엇을 계획하고 있나요?

현재 게더타운을 활용한 방 탈출 과정과 팀 빌딩 게임을 개발하여 운영 중이며, 게더타운에 대한 강의도 진행하고 있습니다. 지금까지 온라인 교육으로 불가능해 보였던 오프라인 과정을 대부분 게더타운을 통해 온라인화 할 수 있다는 희망을 품고 있습니다. 오프라인 프로그램을 게더타운으로 전환하는 작업을 진행하고 있고 이후 게더타운만의 장점을 살린 특화된 프로그램을 개발할 계획을 세우고 있습니다.

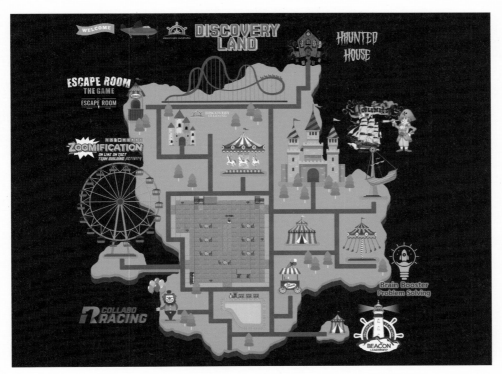

게더타운에서 다양한 과정을 진행할 수 있는 디스커버리 랜드를 만들고 있다.

게더타운은 앞으로 어떻게 될까요?

빠르게 변하는 최근의 상황으로 볼 때 또 어떤 새로운 메타버스 플랫폼들이 생길지는 모르겠지만 한동안 게더타운의 열기는 지속되지 않을까 합니다. 그러나 일반 강의를 진행하시는 강사가 게더타운을 이용해서 강의를 진행하는 것에는 한계가 있습니다. 게더타운을 직접적으로 강의에 접목하시는 강사가 많지 않아 이슈가 되어 있는 만큼 줌만큼의 확산이 이뤄질지는 미지수인 것 같습니다.

게더타운 초보자에게 팁을 준다면?

게더타운을 배우고 익히는 것도 중요하지만 이것으로 무엇을 할 수 있을 것인가를 고민하는 것이 더 중요하다고 생각합니다. 단순히 게더타운을 사용해 강의를 하는 것이 아니라 게더타운의 장점을 어떻게 교육에 녹여 차별화된 과정이나 활용 방법을 만들어내느냐가 중요한 것 같습니다. 단순한 강의라면 기존의 줌과 협업 툴만으로도 얼마든지 목표를 달성할 수 있기 때문입니다.

"한두 시간이면 가상 사무실 완성"
박준형 레퍼런스에치알디 대표

간단히 자기소개 부탁합니다.

기업교육회사인 ㈜레퍼런스에치알디 대표를 맡고 있는 박준형입니다. 2019년까지는 오프라인 위주의 교육을 하다가 2020년부터 격변의 시기를 겪으며 비대면 교육을 준비해 포지셔닝했고 2021년엔 메타버스와 HRD를 접목한 다양한 시도를 하고 있습니다.

게더타운을 어떻게 알게 됐고, 처음 본 느낌은 어땠나요?

2021년 초 유튜브에서 메타버스 관련 자료를 검색하다 게더타운 사용법이라는 영상을 보고 이런 신박한 게 있었나 하고 바로 들어가 봤어요. MSX 때부터 도트 기반 2D 게임을 했던 제게는 익숙한 화면이었고 중학교 시절에는 쯔꾸르라는 RPG 메이커로 간단한 게임도 만들었던 터라 무척 반가웠습니다. 하지만 기대와는 달리 고사양의 PC를 사용하고 있었음에도 엄청 느려서 맵 메이커에서 맵을 만들다가 포기하기를 반복하며 아직은 이르다고 생각했습니다. 그러다 올해 6월에 다시 들어가 본 게더타운은 훨씬 안정적이고 많은 업데이트가 돼 있었어요. 정말 실제 활용이 가능한 수준이 됐다는 생각이 들어 그때부터 본격적으로 파고들었던 것 같습니다.

게더타운은 다른 툴과 무엇이 다른가요?

다양한 메타버스 플랫폼들이 나오고 있지만, HRD를 업으로 하고 있다 보니 우리 업에 가장 적합한 플랫폼에 관심이 갔습니다. 그중 1순위가 게더타운이었어요. 가장 큰 장점을 꼽자면, 첫째, 아바타와 함께 상대방의 얼굴이 보이는 화상회의가 가능하다는 것, 둘째, 강력한 맵 메이커 기능으로 내가 생각했던 공간을 연출할 수 있다는 것, 셋째, 상대적으로 많은 인원이 동시 참여가 가능하다는 것, 넷째, PC 환경을 지원한다는 정도인 것 같아요. 다른 메타버스 플랫폼들이 아바타 기반의 보기 좋은 풀 3D를 지원하지만, 현업에 활용하기에는 뭔가 한두 개씩 부족하더라구요.

게더타운으로 무엇을 했고, 무엇을 계획하고 있나요?

처음에는 저희 사무실을 게더타운에 만들었습니다. 실제 모습과 최대한 비슷하게 옮겨 놓으려고 했어요. 비대면 교육용 스튜디오가 함께 있는 형태이다 보니 일반 사무실과는 달리 조금 특이한 구조인데 저희 사무실에 오셨던 분들이 게더 사무실에 와 보시고는 정말 디테일 하게 똑같이 옮겨 놨다고 신기해 하고 즐거워하셨어요. 이 사무실을 만든 이후로 내부 회의나 고객과의 미팅은 대부분 게더타운 사무실에서 하고 있습니다. 게더타운 공개 과정도 게더타운 강의장에서 진행하고 있고요.

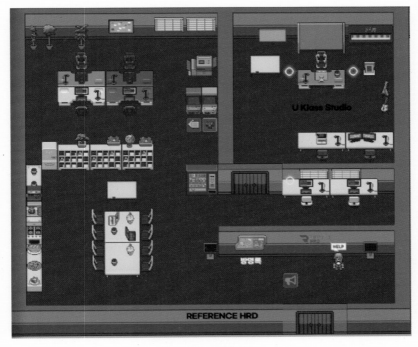

레퍼런스HRD 가상 오피스

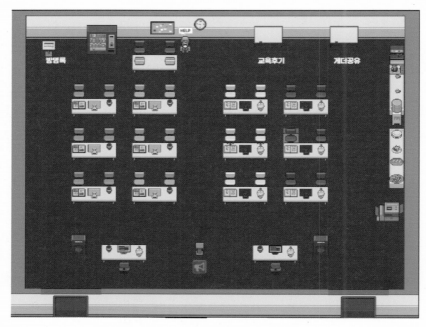

공개 과정이 진행되는 강의장

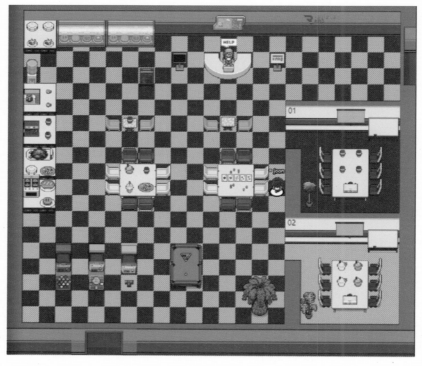

카페테리아

요즘 게더타운 맵 기획 및 제작, 게더타운에서 할 수 있는 교육프로그램 개발까지 문의가 많이 오고 있어 바쁜 나날을 보내고 있습니다. 특히 언론에 소개된 게더타운 사례들을 보고 2.5D 맵 제작 문의가 많은데 적지 않은 비용이다 보니 견적을 받아 보시고는 담당자분들이 많이 고민하세요. 하고 싶어도 맵 제작 예산을 갑자기 만들어 내기가 쉽진 않은 거죠. 그래서 저희가 제작한 다양한 형태의 표준 맵을 활용하여 합리적인 비용으로 공간을 이용하실 수 있도록 가상연수원 대관 서비스를 곧 런칭할 예정입니다.

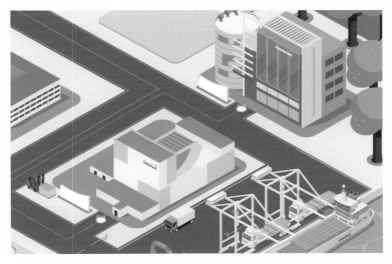

2.5D 맵 제작 사례

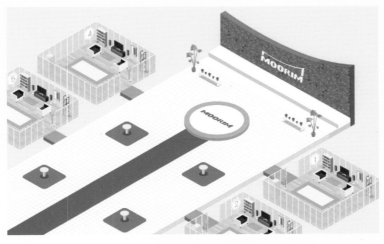

실제 기업의 가상 공간 제작 사례

게더타운은 앞으로 어떻게 될까요?

코로나로 인해 많은 기업이 재택근무를 도입했는데 효율성이나 효과성 면에서 장점이 많아 앞으로 이 기조는 유지가 되리라 봅니다. 다만 동료와 오프라인 공간에 모여 일하면서 티 타임이나 휴식 시간에 오가는 담소를 통해 다양한 아이디어도 얻고 문제도 해결하고 직원 간의 소통도 활성화되는 긍정적인 부분이 부족해진 건 사실입니다. 게더타운 같은 메타버스 플랫폼들이 가상 오피스 형태로 도입이 되고 그 안에서 함께 근무하는 환경을 만들어 준다면 그런 부족한 부분을 채워줄 수 있지 않을까 생각합니다.

그 밖에 많은 기업이 코로나가 끝나도 재택근무처럼 비대면 교육도 일정 비중 이상 형태를 가져가겠다고 합니다. 기존의 비대면 교육에서 아쉬웠던 학습 실재감을 공간 개념이 추가된 게더타운을 통해 보완한다면 다양한 형태의 교육이 가능하지 않을까요? 실제로 이미 많은 시도가 이뤄지고 있기도 합니다.

게더타운 초보자에게 팁을 준다면?

맵 제작 전문가가 될 필요는 없습니다. 전문 영역은 전문가에게 맡기되 맵이 제작되는 기본 원리는 꼭 알아 뒀으면 합니다. 그래야 남이 만들어 준 맵을 공유받더라도 해석이 가능하고 그 맵을 자유자재로 수정해서 사용할 수 있습니다.

저도 처음에 게더타운에서 제공하는 기본 템플릿들을 보고 그냥 이걸 사용하면 되겠네, 쉽겠네, 하면서 공간을 만들었는데 내 입맛에 맞게 수정하고 싶은 부분이 생기더라고요. 그래서 맵 메이커 화면으로 들어갔는데 맵 해석이 안 되다 보니 아무것도 못 했습니다. 초보자분들은 블랭크 맵(아무것도 없는 맵)을 선택해서 바닥부터 차근차근 만들어 보는 것을 추천해 드립니다. 의외로 어렵지 않습니다. 이런 경험을 한번 해보면 다른 복잡한 맵도 해석이 가능해져요. 그때 게더에서 제공하는 다양한 맵을 선택해서 수정한 다음 활용하기 바랍니다. 물론 레퍼런스HRD에서 진행하는 공개 강좌에 참여하시게 되면 제가 친절히 잘 알려드리겠습니다.

그밖에 하고 싶은 말이 있다면?

일단 어려워하지 말고 우선 하나 만들어서 작은 성공 경험을 맛보셨으면 좋겠어요. 이런 걸 스몰 스텝이라고 하죠. 처음부터 큰 그림을 그리며 달려들었다가 포기하는 경우를 많이 봤는데, 우리 팀 사무실, 회의실 정도의 규모면 한두 시간이면 충분히 만들거든요. 그렇게 해서 만든 공간에 팀원이나 친구를 초대해서 반응도 살펴보고 자신감이 생기면 조금씩 공간을 넓혀 나가기 바랍니다. 그렇게 점점 커지다 보면 맵 안에 세계관도 녹일 수 있고, 새로운 문화도 만들어나갈 수 있고, 다양한 시도가 가능해지리라 봅니다. 흐름에 저항하지 말고 올라타세요. 그럼 또 다른 길이 보일 겁니다. 화이팅!

게더타운 접속과
사용하기

게더타운에
접속하기

게더타운은 이제 교육, 행사, 업무 등에 있어 없어서는 안 될 만큼 중요해지고 있습니다. 하지만 게더타운은 이제 1년 조금 넘은 서비스라 많은 사람이 쉽게 사용할 수 있을 만큼 진화하지 못했습니다. 예를 들어 특정 브라우저에서만 게더타운에 접속할 수 있어서 해당 브라우저를 사용하지 않으면 접속조차 못합니다. 우선 게더타운에 접속하는 방법부터 알아보겠습니다.

PC 크롬 브라우저로 접속하기

게더타운은 웹 브라우저에서 바로 접속하여 사용할 수 있습니다. 윈도우나 macOS에서 쓸 수 있는 데스크톱 애플리케이션을 내려받아 접속할 수도 있습니다. 다만, 데스크톱 애플리케이션은 집필일 기준으로 베타 버전이므로 추천하지는 않습니다. 만약 웹 브라우저로 접속할 수 없는 환경이라면 데스크톱 애플리케이션을 사용해 볼 수는 있습니다.

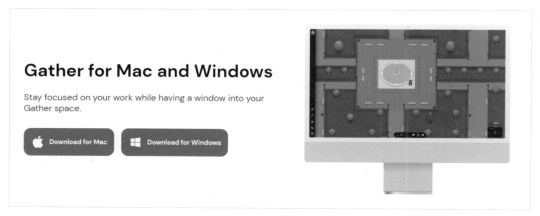

그림 5-1 게더타운 데스크톱 앱은 베타 버전으로 제공되고 있다.

가장 좋은 접속 방법은 PC의 크롬 브라우저를 사용하는 것입니다. 현재 크롬과 파이어폭스에 최적화되어 있습니다만, 파이어폭스가 설치된 PC가 많지 않습니다. 인터넷 사용 통계 사이트 스탯카운터에 따르면 2021년 6월 기준으로 국내 데스크톱 웹 브라우저 점유율은 크롬이 70.4% 가까이 되며, MS 엣지는 12.8%, 나머지 브라우저는 한 자릿수 아래입니다. 게더타운은 운영자만 사용하는 것이 아니라 많은 참가자가 자기 PC에서 접속해야 하므로 크롬 브라우저로 접속하는 것이 최선입니다.[1]

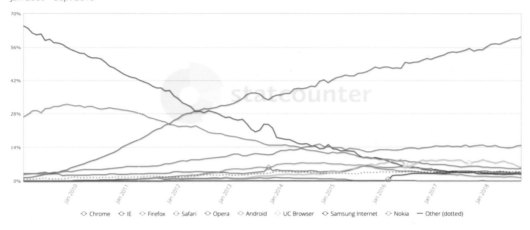

그림 5-2 2009년부터 2018년까지 브라우저 점유율 추이. 출처: Statcounter

만약 게더타운이 지원하지 않는 브라우저로 접속했더라도 걱정할 필요는 없습니다. 게더타운이 크롬이나 파이어폭스로 접속하라고 안내를 하기 때문입니다. 향후에는 더 많은 브라우저에서 접속할 수 있도록 계속 개발도 한다고 합니다.

1 크롬 브라우저는 https://www.google.com/chrome/에서 내려받을 수 있습니다.

그림 5-3 네이버 웨일 브라우저로 접속하면 크롬이나 파이어폭스로 접속하라고 안내한다.

홈페이지 접속과 메뉴 구성

게더타운 홈페이지 주소는 http://gather.town입니다. 브라우저 주소창에 이 URL을 입력하고 접속하면 게더타운 홈페이지에 접속할 수 있습니다.

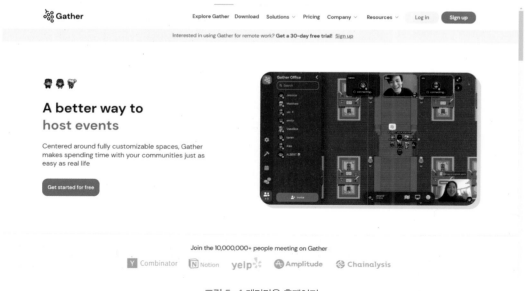

그림 5-4 게더타운 홈페이지

세부 메뉴 구성과 내용은 다음과 같습니다. 굵게 표시한 메뉴는 꼭 한번 클릭해서 내용을 둘러보시기 바랍니다.

메뉴		내용
Explore Gather		게더타운의 활용 실사례를 모아서 직접 체험할 수 있게 링크를 제공합니다.
Download		윈도우와 macOS에 설치할 수 있는 애플리케이션 내려받기 링크를 제공합니다.
Solutions	Remote work	게더타운을 사용해 리모트 워크를 할 수 있는 데모와 여러 팁을 제공합니다.
	Conferences	게더타운에서 콘퍼런스를 열면 무엇이 좋은지 설명합니다.
	Education	게더타운에서 수업을 하면 교수자와 학습자 입장에서 어떤 특징이 있는지 설명합니다.
	Socials	게더타운에 친한 사람들이 모여 즐길 수 있는 다양한 방법을 제시합니다.
Pricing		게더타운의 가격 정책을 제시합니다.
Company	About	게더타운 운영사를 간단히 소개하고, 게더타운이 지향하는 바와 언론 소개 자료도 제시합니다.
	Careers	게더타운의 채용 공고를 하고 있으며, 노션(Notion)을 페이지로 이동합니다.
Resources	**Help center**	게더타운 사용법이 자세히 나와 있습니다.
	Updates	게더타운 업데이트 현황이 올라오는 곳입니다. 한 달에 적게는 두 번, 많게는 다섯 번도 새 업데이트 소식이 올라오니 게더타운을 운영하기 전에 반드시 들러야 합니다.
	Contact us	게더타운의 세일즈 팀에 할인 코드를 달라고 하거나, 지원을 요청하거나, 특별한 문의가 있을 때 이메일이나 입력 양식으로 메시지를 보낼 수 있습니다.
	Status	게더타운의 현재와 과거의 서비스 상태, 최근의 이슈를 볼 수 있습니다. 시간 기준이 UTC(세계협정시)이므로 9시간을 더하면 우리나라 시간이 됩니다.(예: UTC로 오전 1시는 우리나라 시간으로 당일 오전 10시) 트위터로 이슈를 올려주므로 트위터를 사용하는 사람은 팔로우하면 됩니다. 트위터 주소: https://twitter.com/gather_status
	Community	게더타운 사용자 커뮤니티를 모아 놓았습니다.

새 회원으로 가입하기

게더타운 홈페이지에서 Sign up을 눌러 회원가입을 할 수 있습니다. 그러면 빈 화면처럼 나타나는데 오른쪽 위 Sign In을 누릅니다.

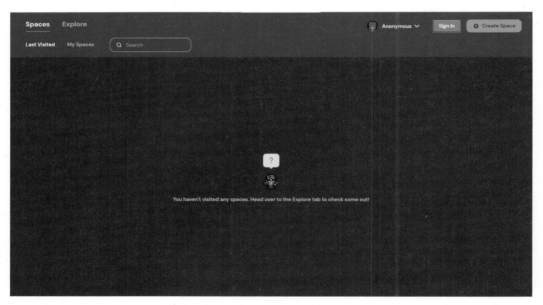

그림 5-5 회원가입은 Sign In 버튼을 눌러서 할 수 있다.

회원가입 화면에서는 이메일이나 구글 계정을 사용해서 회원으로 가입할 수 있습니다. 평소 구글 계정을 사용한다면 Sign in with Google 버튼을 클릭하면 됩니다. 새 창에서 원하는 구글 계정을 선택하면 따로 입력할 것 없이 바로 회원가입을 완료할 수 있습니다.

그림 5-6 회원가입 화면. 구글 계정으로 쉽게 가입할 수 있다.

이메일을 직접 입력해서 가입하려고 하면 이메일로 받은 코드를 입력하라는 화면이 나타납니다. 코드를 제대로 입력했다면 게더타운 앱 페이지로 이동합니다.

그림 5-7 이메일로 받은 코드를 입력해야 한다.

> **TIP**
>
> 회사 이메일을 사용한다면 영어 제목 때문에 스팸으로 처리될 수 있습니다. 몇 분이 지나도 메일이 안 오면 스팸함이나 휴지통을 확인해 보세요.

회원가입이 제대로 되고 로그인 문제도 없다면 바로 캐릭터를 꾸미라고 나옵니다. ①Base(피부, 머리카락, 수염), Clothing(상의, 하의, 신발), Accessories(모자, 안경, 기타), Special(특별 캐릭터)을 선택할 수 있습니다. 나중에 변경할 수 있으므로 적당히 선택하고 ②Next Step을 누릅니다.

그림 5-8 회원가입을 하면 바로 캐릭터를 선택해야 하지만 나중에 언제든 바꿀 수 있다.

그러면 바로 이어서 ①Name your character, 즉 캐릭터 이름을 입력하라고 나옵니다. 한글도 가능하니 적절한 이름을 입력하면 됩니다. 나중에 이름도 바꿀 수 있으니 일단은 본인 이름을 입력하고 ②Finish를 클릭합니다.

그림 5-9 캐릭터 이름을 입력한다. 나중에 얼마든지 바꿀 수 있다.

캐릭터 설정을 완료했으면 화면 오른쪽 위에 해당 이름으로 로그인 된 것을 볼 수 있습니다. 여기까지 하면 기본 설정이 완료됩니다. 이제 브라우저를 닫고 새로 게더타운에 접속해서 로그인하면 이 화면이 나타납니다. 아직 스페이스를 만들지 않았기 때문입니다. 스페이스를 만들려면 오른쪽에 있는 Create Space 버튼을 누르면 됩니다.

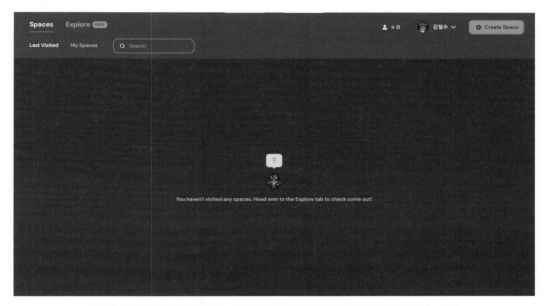

그림 5-10 회원가입을 완료했거나, 스페이스를 만들지 않은 상태로 로그인하면 나타나는 화면.

TIP

개인 설정이나 과거 접속 여부에 따라서 그림과 같은 화면이 안 나타나는 경우가 있습니다. 하지만 화면 왼쪽 아래나 오른쪽 위에 Create Space 관련 문구나 버튼이 나타나니 이를 클릭해 새 스페이스를 만들 수 있습니다.

스페이스 만들고
입장하기

스페이스^{Space}는 게더타운의 메타버스 공간입니다. 만드는 사람에 따라 작은 사무실이 될 수도 있고 건물의 한 층이 될 수도 있고 학교가 될 수도 있고 마을이나 도시가 될 수도 있습니다. 스페이스를 새로 만들면 해당 스페이스의 URL이 생깁니다. 마치 하나의 웹사이트를 만든다고 생각하면 됩니다. 스페이스를 어떻게 만들고 어떻게 스페이스에 입장할 수 있는지 알아보겠습니다.

템플릿으로 새 스페이스 만들기

먼저 스페이스를 만들어보겠습니다. 스페이스를 만드는 방법은 두 가지가 있습니다. 하나는 빈 공간에서 직접 만드는 방법이고, 다른 하나는 기존에 만들어 놓은 스페이스를 템플릿으로 활용하는 방법입니다. 일단 기존 템플릿을 사용해보겠습니다.

게더타운에 회원가입 했거나 로그인했다면 새 스페이스를 만드는 버튼인 Create Space를 클릭합니다. 그러면 다음 그림과 같이 새 스페이스를 만드는 페이지(https://gather.town/create)로 이동합니다. 기존 템플릿을 사용하려면 ①템플릿을 검색하거나 적절한 카테고리를 선택합니다. 그러면 ②해당 템플릿이 가운데에 목록으로 나타납니다. ③필터를 사용하면 참가자 수나 지역에 맞춰 적절한 템플릿을 고를 수 있습니다.

그림 6-1 템플릿을 다양하게 선택할 수 있다.

어떤 ①템플릿을 선택하면 화면 오른쪽에 ②템플릿 상세 설명과 ③기본 설정이 나타납니다. 기본 설정에는 스페이스 이름을 적는 곳이 있습니다. 이때 이름은 한글은 쓸 수 없고 영어로만 적어야 합니다. 왜냐하면 여기에 적는 이름이 URL이 되기 때문입니다. 예를 들어 ABC라고 적으면, ABC 스페이스의 URL은 https://gather.town/app/FwJI9......Wx7tD/ABC가 됩니다. 즉 URL의 맨 마지막에 방금 적은 이름이 들어갑니다.

만약 이 스페이스를 아무나 들어오지 못하고 비밀번호가 있어야 들어올 수 있게 하겠다면 Password protect를 활성화합니다. 그러면 비밀번호를 입력하는 칸이 나타납니다. 마지막으로 이 스페이스 용도를 선택합니다. 용도는 아무것이나 선택해도 상관없습니다. 맨 아래 Create space 버튼을 클릭하면 스페이스가 만들어지고 해당 스페이스로 이동합니다.

그림 6-2 스페이스 이름은 반드시 영어로 적어야 한다.

스페이스에 접속하기

스페이스를 만들면 바로 해당 스페이스로 접속됩니다. 스페이스 접속 화면에서는 ①캐릭터를 바꾸거나, ②장비(카메라, 마이크, 스피커)를 설정할 수 있습니다. 물론 스페이스에 입장한 뒤에 다 바꿀 수 있습니다. 스페이스에 입장하려면 ③Join the Gathering 버튼을 누릅니다.

그림 6-3 스페이스에 들어가려면 캐릭터, 카메라, 마이크, 스피커를 설정해야 한다.

장치 사용 확인하기

게더타운의 화상회의는 추가로 플러그인 등을 설치하지 않고 웹 브라우저끼리 바로 통신할 수 있는 기술인 WebRTC^{Web Real-Time Communication}를 사용합니다. 별도의 화상회의 프로그램 없이 브라우저의 화상회의를 이용하는 것입니다.

따라서 브라우저에서 카메라와 마이크 사용을 허용하지 않으면 게더타운에서도 카메라와 마이크를 사용할 수 없습니다. 만약 PC의 카메라와 마이크를 찾지 못한다면 브라우저 주소창 왼쪽에 있는 자물쇠 아이콘을 클릭해 게더타운 사이트에서 카메라와 마이크 사용이 허용됐는지 확인합니다.

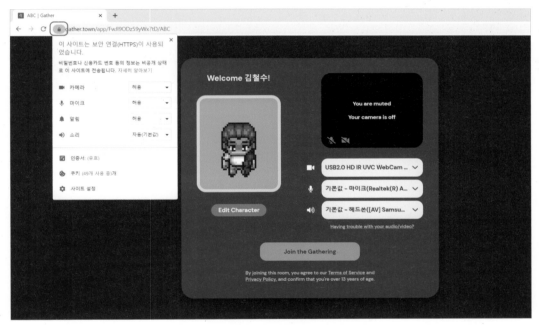

그림 6-4 사이트 보안 연결 권한을 확인해야 한다.

카메라와 마이크가 허용돼 있어도 다른 카메라와 마이크가 선택된다면 브라우저 주소창 오른쪽 끝에 있는 카메라 아이콘을 클릭해 정확한 마이크와 카메라를 선택합니다.

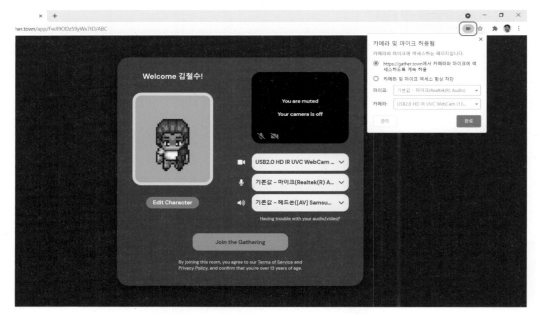

그림 6-5 카메라와 마이크 허용 여부를 확인해야 한다.

스페이스 튜토리얼 따라 하기

스페이스에 입장하면 바로 해당 스페이스가 나타나는 것이 아니라 튜토리얼 스페이스가 먼저 나타납니다. 처음 접속한 사람이라면 튜토리얼을 따라 하면서 기본 기능을 익힐 수 있습니다.

①튜토리얼은 3가지이며, 첫 번째 Moving around는 캐릭터를 움직이는 방법으로 키보드의 화살표 키나 WASD 키를 알려줍니다. 두 번째 Muting and unmuting은 화면 오른쪽 아래 비디오 창에서 마이크 사용법을 알려줍니다. 세 번째 Interacting with objects는 오브젝트 근처에 다가갔을 때 키보드의 X를 누르면 해당 오브젝트와 상호작용할 수 있다고 알려줍니다. 튜토리얼을 하고 나면 ②Skip Tutorial을 누르면 됩니다. 이미 사용 경험이 있다면 튜토리얼을 건너 뛰고 바로 시작합니다.

그림 6-6 간단한 동작 방법을 튜토리얼로 알려준다.

스페이스 화면 구성과
캐릭터 이동

축하합니다. 여기까지 왔다면 성공적으로 스페이스에 입장한 것입니다. 그런데 스페이스 화면을 보면 특별한 설명 없이 여러 가지 아이콘만 여기저기 배치되어 있어 뭐가 뭔지 알기가 어렵습니다. 하지만 아이콘의 의미만 알면 금방 이해할 수 있습니다. 지금부터는 스페이스의 화면 구성과 다양한 메뉴와 아이콘의 기능을 알아보겠습니다. 그리고 캐릭터를 이동하고 춤추는 방법 등의 조작법을 알아보겠습니다.

스페이스 기본 화면

스페이스 화면은 왼쪽 위에 ①로고 메뉴가 있고 아래에는 ②아이콘 메뉴가 있습니다. 아이콘 메뉴 바로 오른쪽에 아이콘 메뉴의 내용을 볼 수 있는 ③패널이 나타나는데, 처음에는 참가자 목록(Participants List) 패널이 나타납니다. 화면 가운데는 ④맵이 보이며, 가운데 아래에는 ⑤컨트롤(Control) 패널이 있습니다. 화면 오른쪽 아래에는 본인의 ⑥비디오 창이 보입니다.

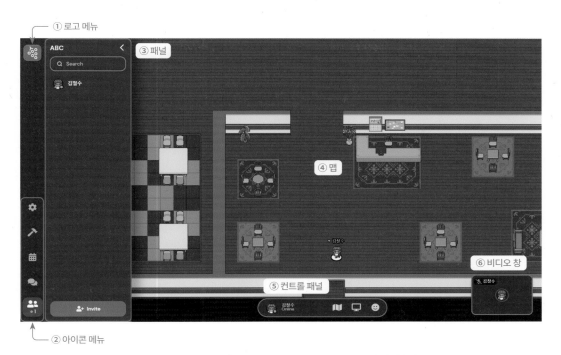

그림 7-1 스페이스 화면 구성. 맨 처음에는 참가자 목록 패널이 나온다.

로고 메뉴

로고를 클릭하면 다양한 메뉴가 나타납니다.

그림 7-2 로고 메뉴

각 메뉴에 대한 설명은 다음과 같습니다.

- **Go home**: 게더타운 홈페이지가 아니라 본인의 스페이스 목록 화면으로 이동합니다. URL은 https://gather.town/app이며, 여기서 스페이스 목록을 보고 특정 스페이스로 들어갈 수 있습니다.

- **Upgrade Space**: 스페이스 대시보드 화면으로 넘어갑니다. 여기서 스페이스를 유료 버전으로 업그레이드하거나 스페이스 환경 등을 설정할 수 있습니다.

- **Invite people**: 다른 사람을 이 스페이스에 초대할 수 있습니다.

- **Admin Controls**: 스페이스 환경 설정을 할 수 있습니다.

- **Help Center**: 도움말이 있는 헬프 센터 페이지를 새 탭에서 엽니다.

- **Send Feedback, See Updates**: 게더타운에 피드백을 하거나 질문을 올리는 페이지를 새 탭에서 엽니다.

- **Report an Issue**: 사용하다 문제가 있으면 게더타운 기술담당자에게 메시지를 보낼 수 있습니다.

- **Open in Gather desktop app**: 게더타운 데스크톱 애플리케이션을 실행합니다.

아이콘 메뉴

화면 왼쪽 아래에는 아래 정렬로 여러 아이콘이 보입니다. 아이콘의 기능은 다음과 같으며, 세부 기능은 뒤에 이어서 설명하겠습니다.

- ⚙️ **설정**Settings: 카메라, 마이크, 스피커, 볼륨, 화면 확대 비율, 움직임 등을 설정합니다. 특히 이 설정에서 리스폰(respawn)[2]과 사인 아웃(로그아웃)을 할 수 있습니다.

- 🛠️ **빌드**Build: 빌드 아이콘을 클릭하면 현재 맵에 오브젝트를 추가할 수 있습니다. 가구나 TV 같은 이미지를 맵에 삽입할 수 있는 오브젝트 피커(Object picker)도 여기서 열 수 있고, 배경 이미지와 맵을 만드는 맵 메이커(Mapmaker)를 새 탭에 열 수도 있습니다. 설정에서 글로벌 빌드(Global Build)를 활성화하면 방문자도 오브젝트를 추가할 수 있습니다.

- 📅 **캘린더**Calendar: 이벤트 일정을 만들 수 있습니다.

- 💬 **채팅**Chat: 스페이스 참가자와 채팅을 할 수 있습니다.

- 👥 **참가자**Participants: 현재 스페이스 참가자 목록을 볼 수 있습니다.

---

2 스페이스에 처음 접속했을 때의 위치로 다시 돌아가는 것을 말합니다.

컨트롤 메뉴

컨트롤 패널에는 본인 ①아바타와 이름 및 현재 상태, ②미니맵, ③화면 공유, ④이모지가 있습니다.

그림 7-3 컨트롤 패널

아바타

아바타를 클릭하면 아바타를 변경할 수 있습니다. 회원가입을 할 때 설정했던 아바타를 다른 것으로 변경할 수 있습니다.

그림 7-4 아바타를 클릭하면 아바타를 바꿀 수 있습니다.

이름

이름을 클릭하면 이름이나 현재 상태를 바꿀 수 있습니다. 설정 화면을 열 수도 있고 정숙 모드로 바꿀 수도 있고 리스폰도 할 수 있습니다. 즉 사용자 설정의 일부분을 여기서 할 수 있습니다. 자세한 설명은 사용자 설정에서 하겠습니다.

그림 7-5 컨트롤 메뉴에서 이름을 클릭하면 이름을 바꾸거나 현재 상태를 바꿀 수 있다.

미니맵(Minimap)

맵이 크면 한 화면에 다 보이지 않습니다. 미니맵을 클릭하면 현재 맵의 백그라운드를 한 화면 안에 보여줍니다.

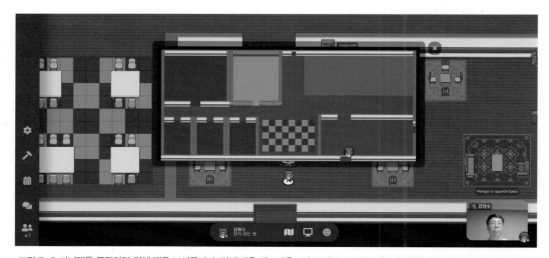

그림 7-6 미니맵을 클릭하면 전체 맵을 보여줍니다. 전체 맵은 백그라운드만 보여주므로 오브젝트나 다른 캐릭터를 보여주지 않습니다.

화면공유(Screenshare)

참가자에게 내 PC 화면을 공유할 수 있습니다. 오디오 공유도 가능합니다.

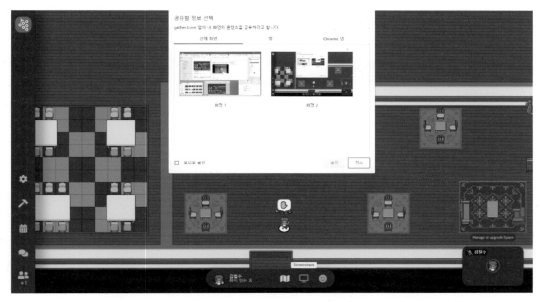

그림 7-7 전체 화면과 창, 브라우저 탭을 공유할 수 있고 오디오도 공유 가능합니다.

이모지(Emote)

이모지 6개를 선택할 수 있습니다. 키보드 숫자를 사용할 수도 있습니다.

그림 7-8 이모지를 선택하면 캐릭터 머리 위에 나타납니다.

비디오 창

화면 오른쪽 아래에는 비디오가 있으며 마우스를 가져다 대면 마이크와 카메라를 켜거나 끌 수 있습니다. 비디오 화면을 클릭하면 비디오가 확대되고, 오른쪽 위 축소 아이콘을 누르면 원래 화면으로 돌아옵니다.

그림 7-9 비디오를 클릭하면 크게 확대하고 왼쪽 아래에 작게 맵을 보여준다.

캐릭터 이동하기

한 칸씩 움직일 때는 화살표나 WASD

캐릭터를 움직일 때는 키보드의 화살표를 사용합니다. 보통 화살표가 키보드 오른쪽에 있어서 오른손잡이는 마우스와 같이 작동하기가 쉽지 않습니다. 이때는 키보드의 W, A, S, D 키를 사용하면 화살표키를 누르는 것처럼 캐릭터를 위, 아래, 왼쪽, 오른쪽으로 움직일 수 있습니다.

이때 캐릭터는 한 칸씩 움직입니다. 이때 한 칸을 타일(Tile)이라고 하며 마치 화장실 벽에 붙인 타일과 비슷합니다. 타일 하나는 가로 32픽셀, 세로 32픽셀의 정사각형입니다.

화면에 보이는 특정 위치로 이동할 때는 더블 클릭

화면에 보이는 특정 위치로 이동할 때는 해당 위치에 마우스 커서를 두고 더블 클릭하면 됩니다. 그러면 해당 위치에 흰 동그라미가 생기고 캐릭터는 해당 위치로 이동합니다. 캐릭터는 벽을 지나 입구를 잘 찾아 움직입니다. 단 이동이 불가능한 위치는 더블 클릭을 할 수 없습니다.

더블 클릭 대신 마우스 오른쪽 버튼을 눌러 이동할 수도 있습니다. 마우스 오른쪽 버튼을 누르면 Move here 메뉴가 나타납니다. 메뉴를 클릭하면 해당 위치로 캐릭터가 이동합니다.

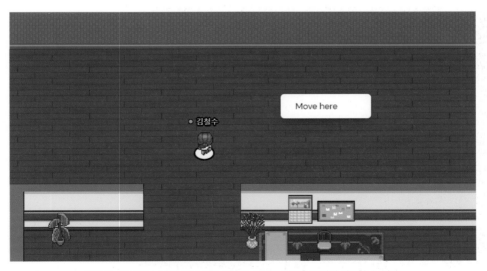

그림 7-10 마우스 더블 클릭, 또는 마우스 오른쪽 버튼을 클릭해 이동할 수 있다.

다른 캐릭터 옆으로 이동할 때는 해당 캐릭터를 더블 클릭

화면에 보이는 다른 캐릭터 옆으로 이동할 때는 해당 캐릭터를 더블 클릭하면 됩니다. 다른 캐릭터에 마우스 커서를 대고 마우스 오른쪽 버튼을 누르면 몇 가지 메뉴가 나타납니다.

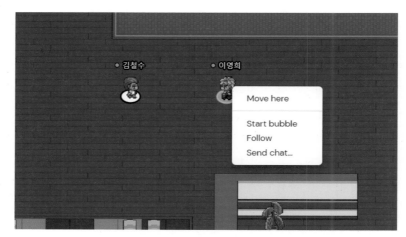

그림 7-11 다른 캐릭터를 클릭하면 여러 메뉴가 나타난다.

메뉴 기능은 다음과 같습니다.

- Move here: 해당 캐릭터 옆으로 이동합니다.

- Start bubble: 해당 캐릭터와 버블을 만들어 둘이서 조용히 얘기할 수 있습니다. 근처 다른 사람에게는 소곤소곤하는 소리로 들립니다.

- Follow: 해당 캐릭터를 졸졸 따라다닙니다.

- Send chat: 해당 캐릭터와 채팅합니다.

그림 7-12 버블 기능을 사용하면 캐릭터 바닥에 둥근 사각형이 생깁니다.

> TIP
>
> 많은 사람들이 모여 있을 때 자리를 이동하지 않고 특정 캐릭터, 또는 몇몇 캐릭터와 대화하고 싶으면 버블 기능을 사용하면 좋습니다.

다른 룸이나 스페이스로 이동

다른 룸이나 스페이스로 이동하는 것은 특별한 단축키 같은 것이 없습니다. 맵에서 일정한 장소로 이동하면 특별한 액션 없이 다른 룸이나 다른 스페이스로 이동합니다. 이 영역을 포털(Portal)이라 부릅니다. 보통 맵의 모서리에 바깥으로 나가는 문이 있으면 다른 룸이나 스페이스로 이동하는 포털이라고 볼 수 있습니다.

그림 7-13 맵 모서리에 문이 있으면 보통 다른 룸으로 이동할 수 있다.

> TIP
>
> 다른 룸으로 이동하는 포털이 반드시 맵의 모서리에만 있는 것은 아닙니다. 맵을 설계할 때 예측하지 못하는 곳에 포털을 둘 수도 있습니다.

기타 단축키

게더타운은 간단한 키 입력으로 원활한 이동과 인터랙션이 가능합니다. X, G, Z, E 키가 있습니다.

오브젝트와 상호 작용할 때는 X 키

상호 작용이 가능한 오브젝트 근처에 가면 오브젝트에 노란색 배경이 생기면서 X 키를 누르라는 도움말이 나타납니다. 키보드의 X 키를 누르면 해당 오브젝트에 연결된 애플리케이션 등이 작동합니다.

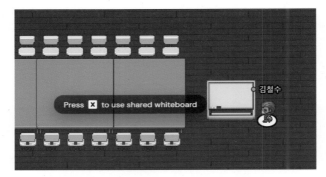

그림 7-14 상호 작용이 있는 오브젝트 옆에 가면 X 키를 누르라는 말이 나온다.

다른 캐릭터를 넘어갈 때는 G 키

캐릭터는 통과할 수 없는 영역이 있습니다. 주로 벽이나 책장 같은 것인데, 맵 메이커에서 통과할 수 없는 타일로 지정하면 캐릭터가 그 타일을 넘어갈 수 없습니다. 또한 다른 캐릭터를 넘어갈 수 없습니다. 다른 캐릭터를 넘어갈 때는 고스트 모드(Ghost mode)로 바꾸어야 합니다. 키보드의 G 키를 누르고 있으면 캐릭터가 반투명이 되어서 다른 캐릭터를 넘어갈 수 있습니다.

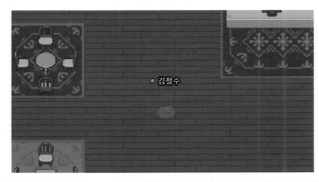

그림 7-15 키보드의 G 키를 누르고 있으면 캐릭터가 반투명이 되어 다른 캐릭터를 지나갈 수 있다.

춤을 출 때는 Z 키

여러 캐릭터가 모여 있을 때 같이 춤을 추려면 키보드의 Z 키를 누르고 있으면 됩니다. 지그재그(zigzag)로 기억하면 좋습니다. 춤을 추면 캐릭터 머리 위에 있는 빨간색 하트 윗부분 모양이 점점 커집니다.

그림 7-16 지그재그 춤을 추면 머리 위에 하트가 커진다.

어디에 갇혔을 때는 E 키

통과할 수 없는 벽 같은 곳에 갇혀서 빠져나올 수 없을 때는 키보드의 E 키를 누릅니다. Escape의 E로 생각하면 됩니다. 오픈된 공간에 있을 때는 작동하지 않습니다.

다른 사람과
소통하기

게더타운은 혼자가 아니라 많은 사람과 같이 화상회의도 하고 게임도 하고 맵도 같이 꾸밀 수 있습니다. 특정 사람만 초대하는 방법도 있고 문제가 될 사람을 차단하는 기능도 있습니다. 다른 사람을 초대하는 방법부터 서로 소통하는 방법까지 다양하게 알아보겠습니다.

다른 사람 초대하기

다른 사람을 바로 초대하는 3가지 방법

게더타운에 다른 사람을 바로 초대하는 방법은 크게 3가지가 있습니다.

첫째, 브라우저 주소창의 ①URL을 복사해서 전달하면 됩니다. 보통 https://gather.town/app/FwJI9ODz59yWx7tD/ABC와 같은 형식입니다. 주소에서 보듯이 가운데에 임의의 문자열이 있습니다. 이 문자열은 수시로 변경되므로 상황에 따라 접속이 안 되는 경우도 있습니다. 추천하는 방법은 아닙니다.

둘째, 참가자 목록에서 ②Invite 버튼을 클릭한 뒤 링크를 복사해서 알려주는 방법입니다. 이때 ③초대 화면에서 초청 링크의 유효 기간을 설정할 수 있습니다. 최소 1시간부터 무제한까지 설정할 수 있습니다. 이때 링크 주소는 https://gather.town/invite?token=wZQXAMAw와 같이 토큰값을 넘기는 방식입니다.

셋째, 초대 화면에서 이메일을 입력해 초대 메일을 보내는 방법입니다. 초대 메일을 받은 사람은 메일 안에 있는 링크를 클릭해 들어올 수 있습니다.

그림 8-1 다른 사람을 초대하는 방법에는 3가지가 있다.

TIP

스페이스에 비밀번호가 적용돼 있다면 비밀번호를 따로 알려줘야 합니다. 초대 링크나 이메일에 비밀번호 정보는 포함되지 않습니다.

초대받은 사람은 이메일을 받습니다. 이때 메일이 영어 제목으로 오므로 스팸으로 걸러지는 경우가 종종 있습니다. 메일을 보내고 난 다음에 메일을 받지 못했다면 스팸함을 열어보라고 하면 좋습니다.

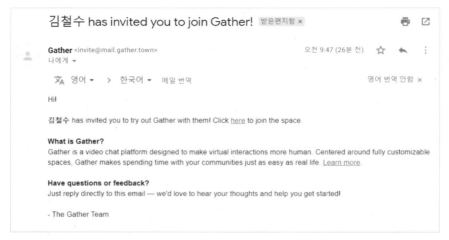

그림 8-2 초대 메일은 간단하게 영문 텍스트로 온다.

미리 초대하지만 스페이스에 못 들어오게 하는 방법

다른 사람에게 미리 초대장을 보낼 때가 있습니다. 그러면 아직 맵이 준비되지 않아도 다른 사람이 들어와서 활동할 수 있습니다. 만약 일정한 시간 이후에 다른 사람이 들어올 수 있게 하려면 어떻게 해야 할까요?

현재는 일정한 시간이 되기 전까지 다른 사람이 들어오는 것을 막는 기능은 없습니다. 대신 비밀번호를 활용하는 방법이 있습니다. 즉, 스페이스를 만들 때 비밀번호를 적용한 다음, 공개 시간이 됐을 때 비밀번호를 해제하는 것이죠. 비밀번호가 적용돼 있을 때는 초대를 받은 사람이 해당 스페이스에 접속하면 비밀번호를 입력하라고 나옵니다.

비밀번호는 아이콘 메뉴의 ①설정 아이콘을 누른 뒤 ②Space 탭의 ③Space Access에서 설정할 수 있습니다. ④Space Password의 빈칸에 비밀번호를 입력하면 됩니다.

그림 8-3 비밀번호는 설정 메뉴에서 바로 적용하거나 제거할 수 있다.

여러 사람과 화상회의하기

5칸 안으로 붙어야 화상회의 시작

게더타운에서 누구나 다른 사람과 화상회의나 채팅을 할 수 있습니다. 화상회의를 하고자 할 때는 다른 캐릭터 옆으로 가야 합니다. 다른 캐릭터로부터 사방 5칸 이내로 들어가면 화면 상단에 상대의 비디오가 나타납니다. 5~4칸에서는 반투명으로 나타나고, 3칸 이내로 가까워지면 비디오가 제대로 보입니다.

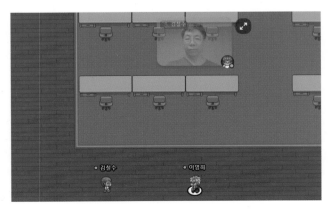

그림 8-4 5~4칸 근처로 가면 비디오가 반투명하게 보인다.

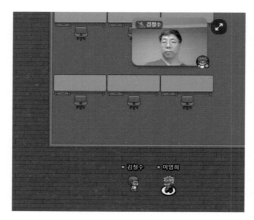

그림 8-5 3칸 이내로 들어가면 비디오가 제대로 보인다.

상대 비디오가 꺼져 있을 때는 상태 확인하고 알림

상대 비디오가 꺼져 있을 때는 상대가 브라우저의 다른 탭으로 이동했거나 다른 업무를 보고 있을 때입니다. 이때 상대 비디오 창 위에 있는 ①Away From Tab 같은 메시지나 참가자 목록의 ②이름을 클릭하면 상대의 상태를 ③확인할 수 있습니다. 비디오 창 아래에 있는 ④Ring을 클릭하면 상대에게 소리로 내가 왔음을 알려줄 수 있습니다.

그림 8-6 상대의 비디오 창을 클릭하면 상태를 보거나 알림을 줄 수 있다.

텍스트로 채팅하기

채팅하는 3가지 방법

다른 사람과 채팅할 때는 3가지 방법이 있습니다. 첫째, 아이콘 메뉴에서 ①채팅 아이콘을 눌러 채팅 패널을 열고 바로 채팅하는 방법입니다. 채팅 패널 아래에 있는 ②To를 누르면 근처에 있는 사람에게 만 메시지를 보내거나^{Nearby}, 스페이스에 있는 모두에게 메시지를 보내거나^{Everyone}, 특정한 사람을 선택해 메시지를 보낼 수 있습니다. 둘째, ③특정 캐릭터에 마우스 커서를 대고 마우스 오른쪽 버튼을 누르면 ④Send chat 메뉴가 맨 아래에 나타나는데 이 메뉴를 클릭하면 채팅 패널이 열리면서 그 사람에게 만 메시지를 보낼 수 있습니다.

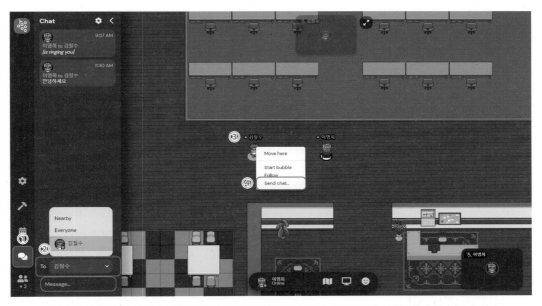

그림 8-7 채팅 패널을 열거나, 특정 캐릭터에 마우스 커서를 대고 마우스 오른쪽 버튼을 클릭하면 채팅을 할 수 있다.

마지막으로 ①참가자 패널에서 다른 참가자를 클릭하면 ②참가자 상태 패널이 나타납니다. 여기서 메시지를 보낼 수 있습니다. 메시지를 보내면 참가자 패널은 바로 채팅 패널로 바뀝니다.

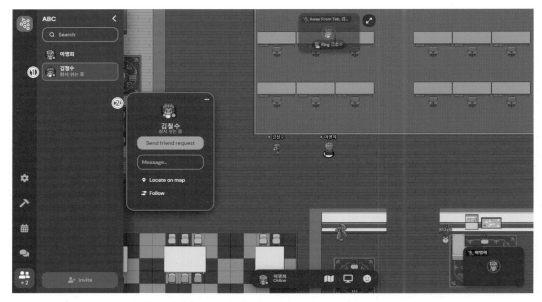

그림 8-8 참가자 목록에서 다른 참가자를 클릭하면 메시지를 보낼 수 있다.

TIP

같은 스페이스에 있다면 다른 룸에 있어도 메시지를 전달할 수 있습니다.

채팅 알림 설정

채팅 패널 위에 ①채팅 설정 아이콘을 클릭하면 ②채팅 알림 설정이 나타납니다. 다른 사람이 내게 채팅을 했을 때 소리로 알림이 오게 하거나 알림을 해제할 수 있습니다.

그림 8-9 채팅 알림을 설정할 수 있다.

다른 사람 따라다니기

길 찾기

특정한 사람에게 가고 싶은데 그 사람이 어디에 있는지 모를 때가 있습니다. 맵이 커서 화면에 나타나지 않는 경우도 있고, 다른 룸에 가 있을 수도 있습니다. 이때 특정한 사람에게 가는 길을 알고 싶을 때는 참가자 패널에서 해당 ①참가자를 클릭한 뒤 나타나는 참가자 상태 패널에서 ②Locate on map을 누르면 됩니다.

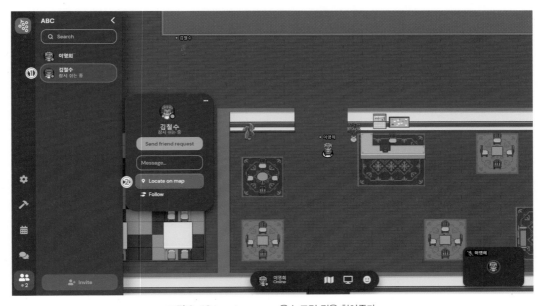

그림 8-10 Locate on map을 누르면 길을 찾아준다.

①Locate on map을 누르면 맵에 검은색 선이 그어져서 해당 참가자의 위치를 알 수 있습니다. 검은색 선을 없애려면 ②Stop locating을 누릅니다. 다른 사람을 졸졸 따라다니려면 바로 밑에 있는 Follow를 클릭합니다. 그러면 그 캐릭터 옆으로 자동으로 이동하고, 이후에는 계속 그 캐릭터를 따라다닙니다.

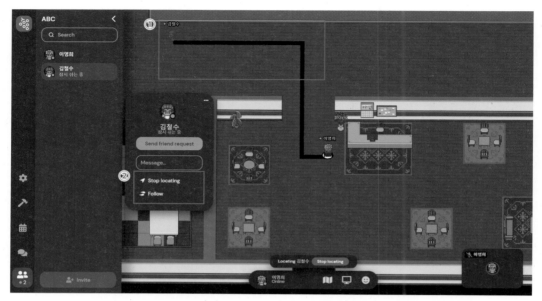

그림 8-11 검은색 선으로 길을 표시한다. 다시 해당 참가자를 클릭하면 Stop locating을 할 수 있다.

> TIP
>
> 해당 캐릭터가 다른 룸에 있으면 룸을 이동하는 포털로 먼저 안내를 합니다.

참가자 차단하기

참가자 차단하기는 사용자나 소유자에 따라 차단 방법이 다릅니다. 소유자는 다양한 방법으로 다른 사람을 차단할 수 있으며, 사용자는 다른 사람과 화상회의를 연결하고 싶지 않을 때 Block을 하는 방법으로 다른 사람을 차단할 수 있습니다.

스페이스 소유자의 참가자 차단하기

참가자 상태 패널에서 ①…을 클릭하면 ②몇 가지 메뉴가 나타납니다.

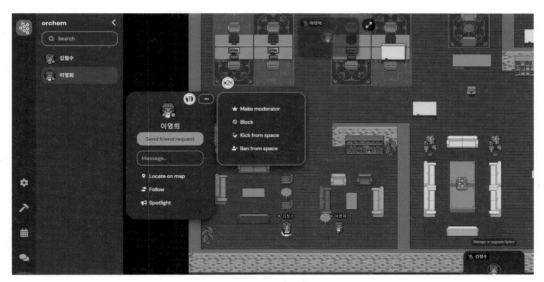

그림 8-12 스페이스 호스트는 다양한 기능을 쓸 수 있다.

각 메뉴의 기능은 다음과 같습니다.

- Make moderator: 지정한 사람을 모더레이터(좌장이나 운영자급)로 만들 수 있습니다.

- Block: 지정한 사람과 회상회의를 차단합니다. 이 기능은 일반 사용자도 사용할 수 있습니다.

- Kick from space: 지정한 사람을 스페이스 밖으로 쫓아냅니다. 물론 다시 들어올 수 있습니다.

- Ban from space: 지정한 사람을 스페이스 밖으로 쫓아낸 뒤 다시 못 들어오게 합니다.

Ban from space를 사용하면 IP 주소를 기준으로 스페이스 입장을 못 하게 합니다. 따라서 같은 IP 주소를 쓰는 다른 사람이 있다면 그 사람도 입장할 수 없습니다. 꼭 필요한 경우에만 사용하는 것이 좋습니다.

> **TIP**
>
> 일반적으로 통신사에 인터넷을 신청하면 한 회선이 들어옵니다. 그 회선마다 IP 주소가 있다고 보면 됩니다. 따라서 하나의 회선에서 IP 공유기를 사용해 가족이나 직장 동료가 같이 쓴다고 할 경우에 Ban from space로 특정 IP 주소를 차단하면 해당 공유기를 사용하는 다른 사람도 게더타운의 해당 스페이스에 접속할 수 없습니다. 만약 게더타운으로 교육을 하는데, 특정 교육장에 모인 사람 중 한 명의 IP 주소를 차단하면, 그 교육장에 같은 공유기를 쓰는 다른 사람도 모두 차단됩니다. 따라서 IP 주소 차단은 조심해서 사용해야 합니다.

그림 8-13 Ban from space 기능을 사용할 때는 같은 IP 주소로 접속하는 사람이 있는지 확인해야 한다.

차단한 IP는 스페이스 대시보드에서 확인할 수 있습니다. 스페이스 대시보드 페이지로 가려면 ①설정 아이콘을 누른 뒤 ②Space 탭에서 ③Advanced 메뉴를 선택하고 ④Manage Space 버튼을 클릭합니다.

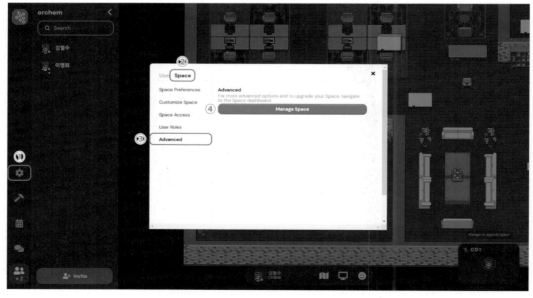

그림 8-14 차단한 IP 주소를 확인하려면 스페이스 대시보드 페이지로 이동합니다.

스페이스 대시보드에서 ①Banned Users 메뉴를 누르면 ②차단한 IP 주소와 이름을 볼 수 있습니다. 차단을 해제하려면 ③Unban을 누르면 됩니다.

그림 8-15 차단된 IP 목록을 확인할 수 있다.

일반 사용자의 화상회의 차단하기(Block)

일반 사용자가 어떤 사람과 화상회의로 연결되고 싶지 않을 때는 Block 메뉴를 사용하면 됩니다. 그러면 자기 화면에서는 해당 사람의 비디오가 보이지 않고 Unblock으로만 표시됩니다. 반면 상대방의 내 비디오는 화상이 보이지 않고 connecting 메시지만 나타납니다.

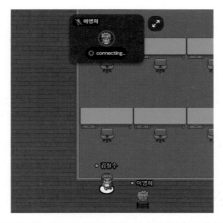

그림 8-16 내가 차단한 상대방은 내 비디오를 볼 수도 내 목소리를 들을 수도 없다.

TIP

Block은 화상회의만 차단하고 캐릭터는 원래대로 보입니다. 채팅도 원래대로 할 수 있습니다. 따라서 상대와 마주치지 않는 것이 상책입니다.

참가자와 같이 맵 꾸미기

게더타운은 소유자가 맵을 만들 수 있는 맵 메이커와 함께 참가자도 같이 맵을 만들 수 있는 글로벌 빌드^{Global Build} 모드를 제공합니다. 글로벌 빌드 모드 덕분에 스페이스에서 다른 사람과 같이 맵을 꾸밀 수 있습니다. 간단하게는 가상 오피스에 화분을 놓아둘 수도 있고 자기만의 공간을 참가자가 직접 꾸밀 수 있습니다.

글로벌 빌드는 기본적으로 활성화돼 있습니다. 글로벌 빌드 모드를 사용해 다양한 오브젝트를 배치하려면 참가자가 ①빌드 아이콘을 클릭해 빌드 패널을 열고 ②오브젝트를 선택합니다. 또는 ③Open object picker 버튼을 눌러 ④오브젝트 피커 패널을 열고 더 많은 오브젝트 중에서 적절한 것을 골라 ⑤Select 버튼을 누른 뒤 맵의 적절한 위치를 클릭하면 해당 오브젝트가 배치됩니다. 오브젝트를 삭제하려면 ⑥Erase를 누른 뒤 맵에서 지우고자 하는 오브젝트를 선택합니다. 빌드 모드를 닫으려면 패널의 ⑦<를 클릭하면 됩니다.

그림 8-17 참가자도 다양한 오브젝트를 골라 배치할 수 있다.

삭제하려는 오브젝트가 다른 오브젝트와 겹쳐 있으면 어떤 것을 삭제할지 목록을 보여줍니다. 삭제를
원하는 오브젝트를 선택하면 됩니다.

그림 8-18 오브젝트가 겹쳐 있으면 목록을 보여준다.

글로벌 빌드 모드를 비활성화하려면 ①설정 아이콘을 누른 다음 ②Space 탭의 ③User Roles에 있는
④Global Build를 비활성화합니다.

그림 8-19 글로벌 빌드는 기본적으로 활성화돼 있다.

TIP

참가자가 모든 오브젝트를 다 지울 수도 있으므로 글로벌 빌드를 조심해서 사용해야 합니다. 반면, 글로벌 빌드를 이용해서 여러 가지를 할 수 있습니다. 예를 들어 어떤 사무실에 방문해서 화분을 남기거나, 조원들과 룸에 산출물로 꾸미거나 하는 식입니다. 다만 특정 장소에만 가능하게 하거나, 누가 무엇을 언제 추가했는지 이력은 알 수 없습니다. 따라서 통제가 가능할 때만 일시적으로 글로벌 빌드 모드를 활성화하는 것이 좋습니다.

환경 설정과
캘린더 사용

사용자는 유저 환경 설정을, 소유자는 스페이스 환경 설정을 할 수 있습니다. 환경 설정은 항목이 많고 모두 영어로만 되어 있어서 이해하기가 쉽지 않습니다. 하지만 주로 사용하는 항목은 정해져 있습니다. 여기서는 일단 모든 설정에 대해 설명하면서 중요한 것은 추가로 자세히 알려드리겠습니다.

유저 환경 설정

유저 환경 설정 방법과 주요 설정

아이콘 메뉴에서 ①설정 아이콘을 누르면 환경 설정 패널이 나타납니다. ②User 탭을 누르면 사용자 환경을 설정할 수 있습니다. 바로 옆에는 Space 탭이 있어서 소유자가 스페이스 환경을 설정할 수 있습니다. 주로 활성화/비활성화 단추를 눌러서 기능을 활성화하거나 비활성화합니다. 저장 버튼이 따로 없으며 자동으로 설정 변경이 반영됩니다.

그림 9-1 설정 아이콘을 누르면 유저와 스페이스 환경을 설정할 수 있다.

유저 환경 설정에는 다음과 같은 것들이 있습니다.

- Switch Inputs: 카메라, 마이크, 스피커 설정을 확인하거나 변경할 수 있습니다.

- Audio Level: 마이크 볼륨을 테스트할 수 있습니다. Start playback을 누르고 말을 하면 스피커로 바로 들립니다.

- SFX volume: 오브젝트에 연결된 사운드의 볼륨을 조절할 수 있습니다. 기본은 최대로 돼 있는데, 만약 오브젝트 사운드가 너무 크면 여기서 줄이면 됩니다. 모든 오브젝트에 동일하게 적용됩니다.

- Use Smart Zoom: 화면에 보이는 맵과 캐릭터의 크기를 변경할 수 있습니다. 뒤에서 자세히 설명하겠습니다.

- Use Smooth Movement: 캐릭터의 움직임을 자연스럽게 만들어줍니다. 비활성화하면 캐릭터가 칸을 점프하듯이 다닙니다. 급한 성격이나 거친 면모(?)를 보여주거나, 달리기 게임이나 무궁화꽃이 피었습니다 게임 같은 것을 할 때 이 기능을 비활성화하면 좀 더 박진감이 넘칩니다.

- Use HD Video Quality: 비디오 품질을 HD급으로 유지합니다. 일반적으로 1:1로 화상회의를 하면 HD급으로 비디오를 보여주지만, 비디오 수가 늘어나면 화질을 자동으로 줄입니다. 이때 모든 비디오를 HD급으로 유지할 수 있으나 PC 자원과 네트워크에 부담을 줍니다. 예를 들어 PC 쿨링 팬 소리가 커질 수 있으며, PC에 여력이 안 되면 화면이 끊기는 등 저하됩니다.

- Use Original Audio: 마이크에 들어간 원래 소리를 그대로 전달합니다. 기본은 비활성화돼 있습니다. 이것을 활성화하면 잡음이나 울림이 포함됩니다. 연주회 등 특수한 경우에만 사용하는 것이 좋습니다.

- Beta features: 베타로 오픈한 기능을 미리 만날 수 있습니다.

- Actions: 리스폰과 로그아웃을 할 수 있습니다. 리스폰은 스페이스에 처음 들어왔을 때 배치된 자리로 돌아가는 것입니다.

화면 크기를 바꾸는 Use Smart Zoom

유저 환경 설정에서 가장 많이 사용할 만한 것은 Use Smart Zoom입니다. 이것은 화면에 보이는 맵과 캐릭터의 크기를 가장 보기 좋게 맞춰줍니다. 하지만 사람에 따라서는 너무 작거나 너무 클 수 있습니다. Use Smart Zoom을 해제하면 50% 크기부터 400% 크기까지 맵과 캐릭터 크기를 변경할 수 있습니다.

그림 9-2 Use Smart Zoom을 해제하면 맵과 캐릭터 크기를 직접 조절할 수 있다.

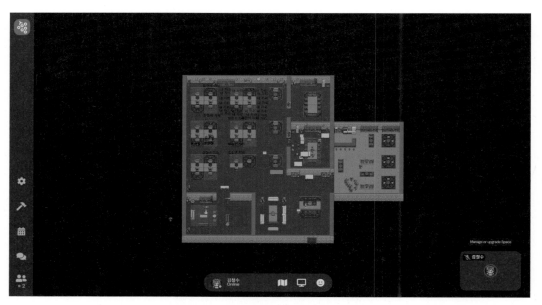

그림 9-3 스마트 줌을 50%로 설정한 모습

그림 9-4 스마트 줌을 400%로 설정한 모습

스페이스 환경 설정

스페이스 환경 설정은 스페이스 대시보드 페이지에서도 할 수 있습니다. 스페이스 대시보드로 이동하려면 환경 설정에서 Advanced 메뉴로 들어가서 Manage Space 버튼을 누르면 됩니다. 여기서는 스페이스 대시보드 페이지로 설명하겠습니다.

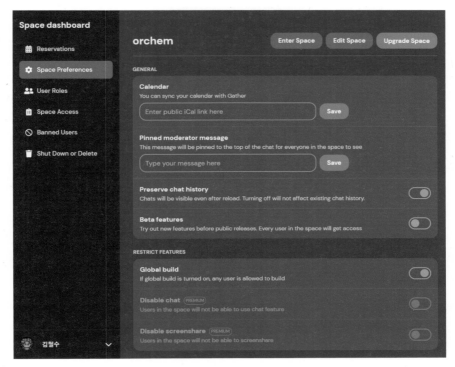

그림 9–5 스페이스 환경 설정을 스페이스 대시보드에서도 할 수 있다.

- Space Preferences 〉 Calendar: 게더타운은 구글 캘린더 등 외부 캘린더를 연동해 이벤트 일정을 만들 수 있습니다. 이때 외부 캘린더의 아이캘린더(iCal) 링크를 여기에 입력해야 합니다. 세부 방법은 뒤에서 설명하겠습니다.

- Space Preferences 〉 Pinned moderator message: 채팅 패널 위에 일종의 공지 메시지를 보여주는 기능입니다. 빈칸에 텍스트를 입력하면 채팅 패널 상단에 해당 메시지가 고정됩니다. 따로 저장 버튼이 없기 때문에 텍스트를 입력하면 바로 변경됩니다.

그림 9-6 메시지는 바로 적용된다.

- **Space Preferences > Preserve chat history:** 브라우저 화면을 새로 고침 했을 때 채팅 기록은 그대로 남아있습니다. 이 기능을 해제하면 해제한 이후부터 채팅하는 내용은 기록으로 남지 않아서 새로 고침을 하면 지워집니다. 즉, 어느 순간에 오프 더 레코드 대화를 하고 싶다면 이 기능을 해제하면 됩니다. 이 기능을 해제하기 전에 채팅한 내역은 브라우저를 새로 고침 해도 남아 있습니다.

- **User Roles:** 스페이스 소유자(Owners), 모더레이터(Moderators), 빌더(Builders)를 이메일로 추가합니다. 소유자는 모든 권한을 다 갖고 있습니다. 모더레이터는 Space Preferences와 Space Access를 설정할 수 있습니다. 빌더는 맵을 수정할 수 있습니다. 빌더가 맵을 수정할 수 있다고 해서 동시 수정이 되는 것은 아닙니다.

- **Space Access > Space Password:** 스페이스 입장 패스워드를 설정합니다. 해당 스페이스에 입장하려면 패스워드를 입력해야 합니다. 만약 스페이스에 참가자가 있을 때 패스워드를 설정하면 기존 참가자는 모두 스페이스에서 튕겨 나가서 다시 접속해야 하며, 이때 패스워드를 입력해야 합니다.

- **Space Access > Allow Staff Access:** 게더타운 직원이 접근할 수 있도록 허용하는 기능입니다. 게더타운에 서비스를 문의하거나 맵에 이상 작동 등이 있을 때 게더타운 직원이 해당 스페이스에 접속해서 문제를 확인할 수 있습니다. 게더타운 직원은 그 어떤 경우든 스페이스 비밀번호를 묻지 않습니다. 게더타운 직원 행세를 하며 스페이스 비밀번호를 알려 달라고 하면 절대 알려주지 말고, Allow Staff Access를 활성화하십시오.

- **Space Access > Customize Warning Screen Text:** 스페이스 접속자 수 한도를 초과했을 때 접속하는 사람에게 보여주는 메시지를 여기에 입력합니다. 따로 입력하지 않으면 게더타운의 기본 메시지가 보입니다.

그림 9-7 메시지를 따로 설정하지 않으면 이렇게 보여줍니다. 메시지를 입력하면 "This space reached …" 대신 출력됩니다.

- Space Access 〉Upload guest list: 유료 버전에서 사용할 수 있는 기능입니다. 특정 이메일로만 스페이스에 접속하게 할 수 있습니다. CSV 파일[3]로 참가자 목록을 만든 뒤 업로드하면 해당 이메일로 게더타운에 가입한 사람만 접속할 수 있습니다. 이메일 목록을 사용하면 스페이스 패스워드는 따로 작동하지 않습니다.

- Shut Down or Delete: Shut Down은 스페이스를 일시적으로 비우고 접속을 허용하지 않습니다. Delete Space는 해당 스페이스를 완전히 제거합니다. 스페이스는 무한으로 만들 수 있으므로 반드시 지워야 하는 스페이스가 아니라면 Shut Down 하는 것이 좋습니다.

캘린더 사용하기

게더타운은 외부 캘린더 애플리케이션과 이벤트 일정을 연동할 수 있습니다. 즉, 외부 캘린더 애플리케이션의 아이캘린더(iCal) 링크만 있으면 게더타운 이벤트와 연결할 수 있습니다. 아이캘린더는 캘린더의 일정을 다른 애플리케이션에 가져오거나 내보낼 때 사용하는 컴퓨터 파일 형식입니다.

> **TIP**
>
> 캘린더 기능은 외부 서비스와 연동하는 것이라 완벽하진 않습니다. 아래에 설명하는 내용대로 해도 가끔 오류가 발생하거나 작동이 안 될 수도 있습니다. 캘린더는 꼭 필요한 경우에만 사용하기 바랍니다.

내부 캘린더를 사용한다면 관리자에게 아이캘린더 링크를 문의하면 됩니다. 구글 캘린더 등 외부 캘린더를 사용한다면 해당 서비스 설정 페이지에 아이캘린더 링크가 있습니다.

구글 캘린더 연동하기

여기서는 구글 캘린더를 게더타운과 연동해 보겠습니다. 우선 구글 캘린더 설정 페이지(https://calendar.google.com/calendar/u/0/r/settings)로 가서 ①캘린더 추가를 누른 뒤 ②새 캘린더 만들기를 클릭합니다.

---

3 Comma Separated Value, 쉼표로 데이터를 구분하여 저장한 파일이며 보통 엑셀에서 CSV 파일로 저장하면 텍스트 파일에서 읽을 수 있다.

그림 9-8 캘린더 추가를 누르면 하위 메뉴가 나타난다.

새 캘린더 만들기 폼이 나타나면 ①이름과 설명에 적당한 내용을 입력하고 ②캘린더 만들기를 클릭합니다. 그러면 ③내 캘린더의 설정 목록에 방금 만든 캘린더가 나타납니다.

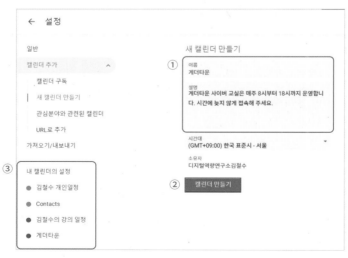

그림 9-9 이름과 설명을 입력하고 시간대를 확인한다.

방금 만든 ①캘린더를 클릭하면 ②캘린더 설정 내용이 나타납니다. 화면 아래에 있는 ③일정의 액세스 권한의 공개 사용 설정을 체크합니다. 그러면 ④주의 대화상자가 나타나는데 대화상자의 확인을 클릭하여 계속합니다.

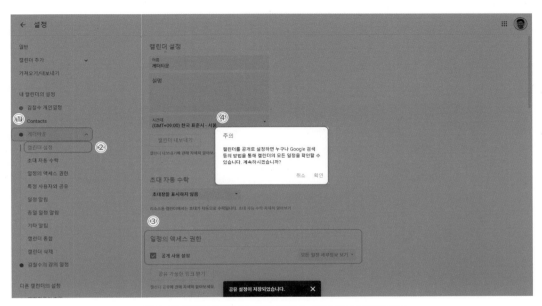

그림 9-10 아이캘린더를 사용하기 위해서는 캘린더를 공개해야 한다.

①캘린더 통합을 클릭하면 화면 중간에 ②iCal 형식의 공개 주소가 보입니다. 이 주소를 복사합니다.

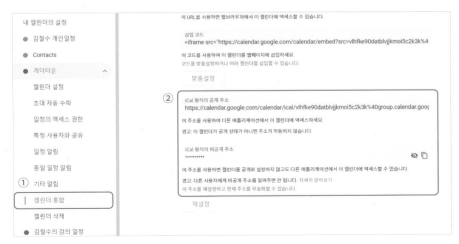

그림 9-11 캘린더 통합을 누르면 iCal 주소를 볼 수 있다.

> **TIP**
>
> iCal 주소가 두 가지 있습니다. 공개 주소는 이 캘린더를 공개로 해야만 작동합니다. 비공개 주소는 이 캘린더를 공개로 설정하지 않아도 게더타운에서 볼 수 있습니다.

복사한 주소를 게더타운의 스페이스 대시보드 페이지에서 ①Space Preferences 메뉴의 ②Calendar 입력 칸에 붙여넣고 Save 버튼을 누릅니다.

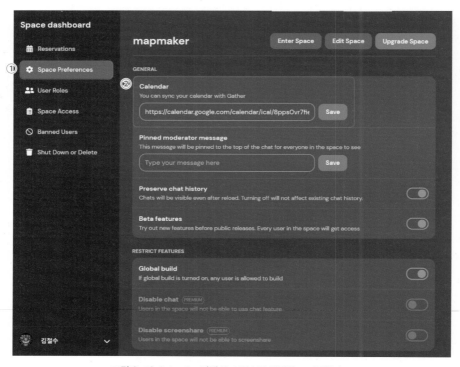

그림 9-12 Calendar 칸에 iCal 주소를 입력하고 저장한다.

구글 캘린더 일정 만들기

이제 스페이스로 돌아가서 ①캘린더 아이콘을 눌러서 캘린더 패널을 엽니다. 맨 아래에 있는 ②Create new event 버튼을 누르면 새 캘린더 이벤트를 만들 수 있습니다. 이벤트는 게더타운의 일정표 같은 것입니다. 게더타운을 가상 오피스로 운영한다면 오피스 운영 일정을 알려주는 용도로 쓸 수 있습니다. 캘린더 이벤트 만들기 패널에서 ③Select location을 선택하고 Create in Google Calendar를 누릅니다.

그림 9-13 이벤트는 스페이스 캘린더 패널에서 만든다.

> **TIP**
>
> 캘린더 이벤트를 만들 때는 반드시 스폰 타일 아이디가 있어야 합니다. 스폰은 참가자가 처음 스페이스에 접속
> 했을 때의 위치입니다. 즉, 참가자가 이 이벤트에 참가할 때 텔레포트 할 위치를 지정해야만 합니다. 따라서 캘
> 린더 이벤트를 만들 때는 Select location을 눌러 스폰 타일 아이디를 선택해야 합니다. 만약 스폰 타일 아이
> 디가 없으면 맵 메이커로 이동해서 스폰 타일 아이디를 만들어 최소 1개 이상의 스폰 타일을 지정해야 합니다.
> 스폰 타일 아이디는 맵 만들기를 참고하십시오.

구글 캘린더 일정 추가 화면이 새 탭으로 열리면 ①링크 주소가 자동으로 입력됩니다. ②캘린더 종류를
방금 만든 게더타운으로 선택한 뒤 제목을 적절히 입력하고 저장합니다.

그림 9-14 '게더타운' 캘린더를 정확히 선택해야 합니다.

이제 게더타운 스페이스를 새로 고침 한 뒤 ①캘린더 아이콘을 클릭해서 캘린더 패널을 열고 오늘 날짜 옆 ②새로 고침 아이콘을 누르면 ③이벤트 목록이 나타납니다. 이벤트를 클릭하면 나타나는 패널에서 ④Locate를 클릭하면 해당 이벤트의 스폰 위치를 표시합니다. ⑤Teleport를 클릭하면 해당 스폰 위치로 이동합니다.

그림 9-15 이벤트를 사용하면 스폰 위치를 지정할 수 있다.

게더타운은 수시로 업데이트되고 베타 기능이 접속자마다 다르게 적용되기도 합니다. 만약 캘린더 패널에 Sign in with Google 버튼이 보이면 버튼을 클릭해서 로그인합니다. 그러면 구글 캘린더를 바로 연동할 수 있습니다.

그림 9-16 캘린더 패널에 구글 로그인 버튼이 있을 때는 여기서 바로 구글 계정으로 로그인하면 캘린더가 연동된다.

TIP

이벤트를 삭제할 때는 게더타운에서 하는 것이 아니라 구글 캘린더에서 삭제해야 합니다.

국내
게더타운 선도자들의
생각은?

게더타운을 누구보다 먼저 시작한 사람들이 있습니다. 그들은 메타버스를 어떻게 생각하고 어떻게 활용하고 있을까요? 실제로 맵을 만들고 운영을 하면서 어떤 경험을 했을까요? 그 과정에서 어떤 것을 배웠을까요? 우리는 게더타운 선도자를 수소문해서 인터뷰했습니다. 그들의 경험과 생각을 들어보겠습니다.

"큰 비용 없이 가지는 나만의 메타버스"

박연수 쿠퍼실리테이션그룹 편집장

간단히 자기소개 부탁합니다.

다양한 조직의 문제해결을 돕고자 퍼실리테이터, 컨설턴트로 활동하고 있는 쿠퍼실리테이션그룹의 박연수입니다. 최근에는 많은 조직들이 마주하고 있는 온라인에서의 교육과 회의가 조금 더 재미와 의미를 담아 진행될 수 있도록 돕는 일에 집중하고 있습니다.

게더타운을 어떻게 알게 됐고, 처음 본 느낌은 어땠나요?

게더타운은 2021년 초 우연히 접하게 됐는데, 예전 싸이월드의 미니홈피를 닮았다는 인상을 받은 정도로 크게 주목하고 있지는 않았습니다. 그 이후에는 3D를 바탕으로 한 화려한 그래픽의 다양한 메타버스를 접하게 됐지만, 시각적인 피로도와 모바일로 사용이 제한되는 아쉬움 등으로 다시 게더타운을 살펴보게 됐지요. 기존에 많이 사용했던 화상회의 플랫폼으로는 구현하지 못한 다양한 활동을 하나씩 게더타운에 입혀가며 한동안 게더타운의 매력에 빠지기도 했습니다.

게더타운은 다른 툴과 무엇이 다른가요?

게더타운은 기존 화상회의 플랫폼과 비교하자면 아바타를 설정하고, 가상공간 안에서 아바타를 통해 물리적인 이동을 대신 구현할 수 있다는 점이 차이점이라 할 수 있습니다. 아바타 덕분에 비디오 켜기가 부담스러운 참여자에게도 좀 더 쉽게 다가갈 수 있다는 장점이 있습니다.

또한, 아바타를 활용하는 다른 플랫폼과 차이점으로는 약간은 촌스러운 듯한 2D 화면이 가장 먼저 떠오릅니다. 그러나 개인적으로는 이런 느낌이 오히려 친근하고 편안한 게더타운의 장점이라 생각합니다. 아바타를 활용하는 장점은 살리되, 움직임이 과하지 않고 작동이 손쉬워 교육이나 회의 콘텐츠에 몰입하는 데에 도움이 되고 있습니다.

게더타운에 주목하고 활용하게 된 결정적 이유는 온라인 교육과 회의에 필요한 공간을 비교적 손쉽게 만들어낼 수 있다는 것입니다. 게더타운 자체적으로 제공하는 템플릿이나 오브젝트를 활용하여 큰 비용을 들이지 않고도 맞춤형 공간을 만들고 수정할 수 있는데, 콘텐츠와 진행 방식이 계속 변화하고 실험 중인 지금 상황에 매우 중요한 포인트입니다.

그 외에도 아직 제한적이기는 하지만 다양한 소스(웹사이트, 동영상 등)를 게더타운과 바로 연계하여 몰입도를 높일 수 있다는 점, 프라이빗 기능을 통해 아바타의 적은 이동으로도 다양한 연결을 만들어낼 수 있다는 점 역시 게더타운의 매력이지요.

게더타운으로 무엇을 했고, 무엇을 계획하고 있나요?

게더타운에서는 조별 토의나 물리적 이동 등이 함께 필요한 교육이나 워크숍, 방 탈출을 활용한 워크숍 등을 진행하고 있습니다. 게더타운에서 학교의 온라인 개학식이나 축제 등이 진행될 수 있도록 지원하기도 했고요.

더 많은 교육과 회의 현장에서 게더타운을 쉽게 적용할 수 있도록 게더타운 체험이나 제작과 활용 교육도 진행하고 있습니다. 참여자, 담당(운영)자, 강사 및 퍼실리테이터 등 역할에 따라 익혀야 하는 게더타운의 기능과 활용 방법이 달라 제가 부딪혔던 상황들을 정리하여 함께 공유하는 장을 지속해서 마련할 예정입니다.

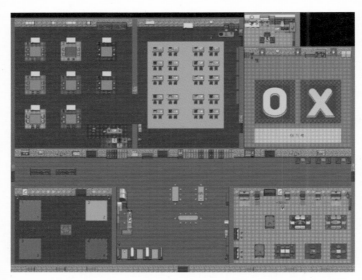

온라인 교육장: 강의실, 조별 회의실, OX 퀴즈, 활동실, 게임룸 등으로 구성돼 있다.

방 탈출 게임룸: 팀별 미션 수행을 통해 방 탈출을 진행한다.

게더타운은 앞으로 어떻게 될까요?

줌이나 웹엑스와 같은 화상회의 플랫폼들이 지난 1년 사이 상당한 발전을 만들어온 것처럼, 게더타운 역시 최근 빠르게 다양한 기능이나 오브젝트들을 추가하고 개선하고 있습니다. 온라인 사무실이나 연수원, 방 탈출 및 축제와 같은 체험공간, 홍보관, 쇼핑몰 등 다양한 목적의 공간이 게더타운 안에서 복합적으로 구현되며 더 역동적이고 다양한 활동들로 그 활용 범위를 확장해갈 수 있으리라 기대합니다. 기존 화상회의 플랫폼들도 계속 사용은 하지만, 게더타운에서 할 수 있는 일들의 비중이 늘어가고 있어 필요에 따라 선택적으로 병행하여 사용할 듯합니다.

게더타운 초보자에게 팁을 준다면?

게더타운을 직접 좌충우돌하며 만져보는 것도 중요하지만, 이 과정을 줄이고자 하는 분께는 다음의 두 가지 방법을 추천합니다. 먼저 게더타운에서 제공하는 가이드를 읽어보는 것을 권합니다. 직접 만져보면서 익히는 것이 가장 확실한 방법이지만, 숨어있는 다양한 기능을 정확하고 빠르게 익히기 위해 가이드를 참고하는 것은 큰 도움이 될 수 있습니다.

그리고 게더타운 활용 능력을 키우고자 하는 분들께 강력히 추천하는 방법은 다양한 게더타운의 스페이스를 방문해보는 것입니다. 스페이스를 체험하면서 아이디어도 얻고, 어떻게 구성한 것인지 분석하며 직접 만들어보는 것이 저에게는 많은 도움이 됐던 방법입니다. 다양한 스페이스와 과정 참여를 통해 인사이트를 찾아가는 과정은 매우 효과적인 게더타운의 학습 방법이니, 이러한 기회를 많이 가지시길 권해드립니다.

"더 직관적이고 편한 플랫폼"
박종필 사단법인 스마트교육학회 사무총장 겸 평택 현일초등학교 교사

간단히 자기소개 부탁합니다.

사단법인 스마트교육학회에서 사무총장직을 맡고 있으며, 평택 현일초등학교 교사로 근무하고 있습니다.

게더타운으로 페스티벌을 운영하셨다고요?

스마트교육 하계 페스티벌은 2015년부터 시작했습니다. 제가 2020년에 사무총장을 맡기 전까지 오프라인에서 진행했습니다. 그러다 코로나로 2020년에는 스트림야드라는 화상회의 툴을 사용했고, 2021년에는 게더타운을 사용했습니다. 평소에 저도 게더타운을 흥미롭게 지켜보고 있던 터라 학회 회장님께 게더타운으로 진행하자고 건의해서 시작하게 됐죠. 그렇게 게더타운을 기반으로 하계 페스티벌을 운영하게 됐습니다.

이번 하계 페스티벌을 주최한 스마트교육학회는 정보통신 기술을 이용한 의사소통의 기능 향상 등을 목적으로 운영하는데요. 저희 스마트교육학회는 선생님뿐 아니라 일반 기업도 포함돼 있어요. 그래서 보통 선생님들의 발표와 기업 담당자의 스마트 교육에 대한 자사 홍보도 진행됐는데요. 이것도 코로나 때문에 온라인화되면서 기존의 트랙을 간소화하고 과감하게 선생님들의 교육 관련 이슈만 발표하는 자리로 운영했습니다.

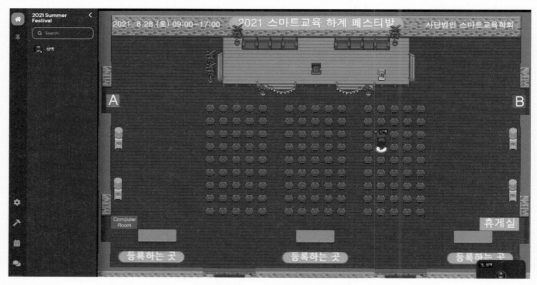

2021 스마트교육 하계 페스티벌 메인 홀 전경

게더타운으로 행사를 운영해보니?

게더타운이 아직은 완벽한 프로그램은 아닙니다. 보완해야 할 점이 참 많습니다. 이용 중에 갑자기 튕기기도 하고 이중 로그인이 되기도 합니다. 게더타운 내 접속자가 25명이 넘어가면 접속이 불안정해질 수 있다고 공식적으로 이야기합니다. 입장은 가능하지만 조금 불안정할 수 있다는 의미입니다. 이런 부분은 추후 개선될 수 있는 부분이기 때문에 크게 이슈가 될 만한 부분은 없습니다.

다만 행사 도중에 문제가 생기면 조금 난처합니다. 평소에는 잘 되다가 막상 그날만 되면 컴퓨터가 작동하지 않거나, 마이크에 문제가 생깁니다. 특히 강사의 접속이 갑자기 끊기거나 강의가 원활하지 않게 진행되면 굉장히 난처합니다.

물론 이와 같은 상황에 대비하기 위해 사전에 시나리오를 만들어서 다양하게 테스트도 해보고 대비책도 세웁니다. 그런데도 행사 당시에 한 분이 발표하시다가 소리가 안 나는 상황이 생겼어요. 발표자의 개인 컴퓨터에서 갑자기 문제가 발생했는데 자연스럽게 다음 세션으로 연결해서 큰 문제는 없었습니다. 이처럼 강사나 연사분들이 저희와 같은 공간에 있는 게 아니다 보니 이런 상황에서 아예 대처가 불가능해요.

게더타운으로 초등학교 수업이 가능할까요?

저는 게더타운을 이용해 초등학교 수업을 진행하기엔 쉽지 않다고 생각해요. 어떤 분이 그러시는데 게더타운으로 초등학교 수업을 하면 그때부터 지옥문이 열린다고 넌더리를 내시더라구요. 교실과는 달리 이야기를 해도 말을 잘 듣지 않을 때 그 학생을 제어하기가 참 난감하죠. 어느 정도 디지털 리터러시(문해력)가 되고 메타버스 소양 기본 교육이 된 상태에서 공부할 마음이 있는 친구들과 함께 쓰면 굉장히 좋지 않을까 생각해요. 그래도 학교 아이들과 게더타운으로 잠깐 수업 시간에 적용은 해봤어요. 아이들은 신기해서 그런지 평소보다 말을 더 잘 들어줬던 거 같아요.

게더타운은 다른 툴과 무엇이 다른가요?

메타버스와 관련하여 게더타운 외에도 제페토나 이프렌드는 알고 있었어요. 그런데 사람들에게 익숙하면서 직관적이고, 가장 편하다고 생각할 수 있는 플랫폼은 게더타운이라고 생각했어요.

다만 비용이 조금 비쌉니다. 게더타운은 25명 접속까지는 무료입니다. 그런데 하계 페스티벌의 경우 초기 계획 시 200명을 대상으로 잡았습니다. 물론 실제 신청서를 받는데 130분이 등록을 하셨고 실제 참석하신 분은 100명이 조금 넘었어요. 참석인원이 100명 정도 된다는 사실을 미리 알았다면 그 정도 인원에 맞춰 비용 준비를 했겠지만, 계획 초기에는 확실히 알 수 없으니까요. 하루 사용 비용이 제가 기억하기로 부가세 포함해서 70만 원 정도 들어간 것 같아요. 혹시 유료로 사용하는 것까지 고려하신 다면 비용을 꼼꼼하게 계산하고 결제하기를 추천합니다.

맵 만드는 팁이 있다면?

첫 번째 방법은 백그라운드 이미지를 받아서 수정하는 방법인데요. 구글 슬라이드에서 저장해서 수정 했는데 화질이 조금 떨어지더라고요. 제가 포토샵을 쓸 수 있을 정도도 아니고요.

두 번째 방법은 개별로 PNG 이미지를 만들어 올리는 방식입니다. 한 선생님이 이런 방식을 이용해 경 기도 혁신교육연수원의 5층 건물을 거의 똑같이 구현한 걸 본 적이 있는데요. 그 선생님께 어떻게 그렇 게 잘 만드냐 물어봤습니다. 그 선생님께서는 중학교 때 RPG 만드는 게임을 좋아하다 보니 쉽게 맵을 만들 수 있었다고 하더라고요. 신기했습니다.

가장 큰 주의사항은 참가자가 맵을 수정하지 못하게 해당 옵션을 꼭 꺼줘야 합니다. 이 부분을 놓치 면 맵에 오브젝트가 마구 난립하는 장면을 목격하게 될 겁니다. 설정에서 글로벌 빌드를 꼭 off로 해 주세요.

처음 게더타운에 접속한 사람에게 튜토리얼 화면이 나오는데 이 페이지가 영어로 되어 있으니까 그냥 스킵하는 경우가 많아요. 그렇게 바로 게더타운에 접속할 경우 어떻게 사용해야 할지 몰라서 당황할 수 있어요. 메인 홀에 접근하기 전에 게더타운 활용법을 안내하는 맵을 만들어 제공하는 것도 하나의 방법 이 되겠네요.

게더타운은 앞으로 어떻게 될까요?

게더타운뿐만 아니라 향후에는 메타버스 플랫폼이 어떻게 발전되거나 진행될지 잘 모르겠어요. 지금 게더타운 내에서는 2D 그래픽만 구현할 수 있지만, 사실 게더타운 내에서 3D 구현이 불가능한 것은 아니거든요. 배경 이미지를 3D로 만들고 이미지로 저장한 후 백그라운드 이미지로 업로드하면 되니까 요. 확실한 건 게더타운의 경우 개인과 집단의 디지털 역량 수준에 따라 구현 정도가 천차만별이 되지 않을까 생각해요.

맵 만들고 운영하기

맵 메이커
화면 구성

맵 메이커는 나만의 스페이스를 만들기 위해 바닥을 깔고 벽을 쌓고 가구를 배치하는 등 맵을 만들 수 있는 기능입니다. 일반적으로 맵이라고 하면 지도 같은 이미지를 떠올리지만, 맵 메이커는 지도 같은 이미지만 만드는 곳이 아닙니다. 캐릭터가 벽을 못 지나가게 하거나, 상호작용이 가능한 TV를 놓거나, 다른 룸으로 이동하게 하거나, 한 방에서 많은 사람이 화상회의를 하게 하는 등 게더타운을 다양한 용도로 사용할 수 있는 환경을 만들 수 있는 곳입니다. 맵 메이커를 사용해서 나만의 메타버스 공간을 창조할 수 있는 것입니다.

그런데 맵 메이커를 사용하기가 그리 쉽지 않습니다. 공간을 만드는 개념도 익숙하지 않습니다. 이렇게 만들어 본 경험도 별로 없습니다. 하지만 섣불리 두려워하지 마시고 맵 메이커 접속부터 화면 구성까지 차근차근 뜯어보면 '아, 이렇게 하는 거구나.'하며 금방 이해할 수 있습니다.

맵 메이커 접속하기

맵 메이커에 접속하는 방법은 다양합니다. 게더타운 앱에서 접속할 수도 있고, 스페이스 화면에서도 접속할 수 있고, 스페이스 대시보드에서도 접속할 수 있습니다. 각각 알아보겠습니다.

게더타운 앱에서 접속하기

맵 메이커에 접속하는 첫 번째 방법은 게더타운에 로그인하면 바로 접속하는 앱 화면(https://gather.town/app)에서 해당 스페이스의 ① ⋮ 를 클릭하면 나오는 메뉴 중 ②Edit Map을 클릭하는 것입니다. 이때는 맵 메이커를 새 탭이 아니라 현재 탭에서 엽니다.

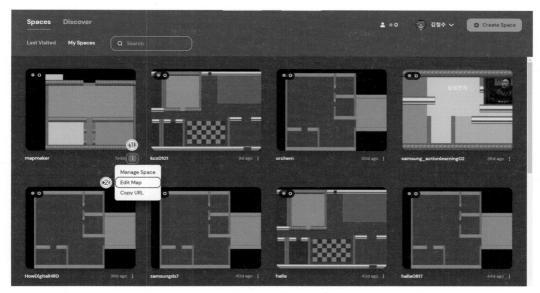

그림 10-1 게더타운 앱 화면에서도 특정 스페이스의 맵 메이커로 접속할 수 있다.

스페이스 화면에서 접속하기

특정 스페이스에 접속했을 때도 맵 메이커로 이동할 수 있습니다. 아이콘 메뉴에서 ①설정 아이콘을 클릭하면 나오는 ②Space 설정 중 ③Customize Space 메뉴를 클릭하면 ④Open Mapmaker 버튼이 나타납니다. 이 버튼을 누르면 해당 스페이스의 맵 메이커 화면이 새 탭으로 열립니다.

그림 10-2 설정 화면에서 맵 메이커로 이동할 수 있다.

스페이스 대시보드에서 접속하기

스페이스 대시보드에서도 맵 메이커로 이동할 수 있습니다. 스페이스 대시보드 화면 오른쪽 위에 있는 Edit Space를 누르면 현재 화면이 맵 메이커로 바뀝니다.

그림 10-3 해당 스페이스 대시보드에서도 맵 메이커로 이동할 수 있다.

맵 메이커 화면구성

맵 메이커 화면은 크게 ①메뉴 패널, ②도구 패널, ③캔버스, ④속성 패널, ⑤룸 패널, ⑥오브젝트 목록 패널로 구성돼 있습니다. 일반적으로 ①메뉴 패널에서 작업할 기능을 결정한 다음 ②도구 패널에서 원하는 작업을 선택한 뒤 ④속성 패널에서 필요한 개체를 골라 ③캔버스에 적용하거나 세부 속성을 입력합니다.

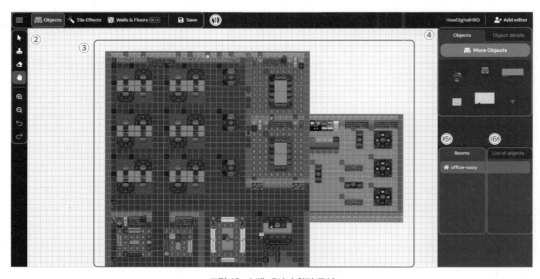

그림 10-4 맵 메이커 화면 구성

TIP

룸 패널 하단에 있는 Create a new room 버튼이 안 보일 때가 있습니다. 이때는 브라우저 스크롤을 아래로 내리거나 키보드의 F11 키를 눌러 전체 화면으로 바꿔 보세요.

메뉴 패널

메뉴 패널에는 ☰(옵션 아이콘), Objects, Tile Effects, Walls & Floors가 있고, 자동 저장이 안 되므로 변경 사항을 저장하기 위해 Save 메뉴가 있습니다. 옵션 아이콘에는 다음과 같은 세부 메뉴가 있습니다.

- Go to Space: 지금 작업하고 있는 스페이스를 참가자 모드로 새 탭에 엽니다.

- Manage Space: 지금 작업하고 있는 스페이스의 대시보드 페이지를 새 탭에 엽니다.

- Guides and Tutorials: 맵 만드는 방법을 설명한 문서를 새 탭에 엽니다.·

- Background & Foreground: 배경 이미지나 전경 이미지를 업로드하거나 다운로드합니다.

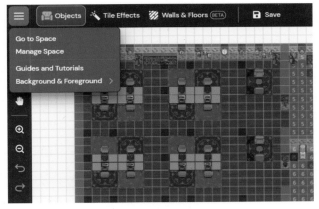

그림 10-5 맵 메이커 옵션 메뉴

메뉴 패널에서 어떤 메뉴를 선택하느냐에 따라 도구 패널과 속성 패널이 해당 메뉴에 맞춰 바뀝니다. Objects 메뉴를 클릭하면 메뉴 패널은 변하는 것이 없지만, 도구 패널은 Select 모드가 되고 속성 패널에는 Objects와 Objects details 패널이 나타납니다. Tile Effects 메뉴를 클릭하면 속성 패널 자리에 있던 Objects와 Objects details 패널이 사라지고 Tile Effects 패널이 나타납니다. Walls & Floors 메뉴를 클릭하면 메뉴 자리에 Walls와 Floors가 나타나고 Done과 Cancel이 추가됩니다. 그리고 도구 패널은 Stamp 모드가 활성화되고, 속성 패널에는 Walls, 또는 Floor tiles 패널이 나타납니다.

메뉴 구분	메뉴 패널	도구 패널	속성 패널
Objects	변동 없음	Select 모드	Objects Object details
Tile Effects	변동 없음	Select 모드	Tile Effects
Walls & Floors	Walls, Floors, Done, Cancel	Stamp 모드	Walls, 또는 Floor tiles

표 10-1 메뉴 선택에 따라 도구 선택과 속성 패널 구성이 달라진다.

도구 패널

도구 패널에는 8가지 기능 아이콘이 세로로 나열돼 있습니다.

- ▪ **Select(화살표)**: 타일이나 오브젝트를 선택하는 Select 모드를 적용합니다(단축 키: V).

- ▪ **Stamp(도장)**: 타일이나 오브젝트를 삽입하는 Stamp 모드를 적용합니다(단축 키: B).

- ▪ **Eraser(지우개)**: 타일이나 오브젝트를 삭제하는 Eraser 모드를 적용합니다(단축 키: E).

- ▪ **Hand(손)**: 캔버스 화면 자체를 움직이는 Hand 모드를 적용합니다(단축 키: H).

- ▪ **Zoom in(확대)**: 캔버스 화면을 확대합니다(단축키: Ctrl + 마우스 휠 밀기).

- ▪ **Zoom out(축소)**: 캔버스 화면을 축소합니다(단축키: Ctrl + 마우스 휠 당기기).

- ▪ **Undo(취소)**: 작업한 것을 최근 순서대로 취소합니다(단축키: Ctrl + Z).

- ▪ **Redo(복구)**: 취소한 작업을 최근 순서대로 복구합니다(단축키: Ctrl + Y).

그림 10-6 도구 패널에서 Select 모드를 선택한 모습

> **TIP**
>
> 맵을 만들다 보면 빠르게 도구를 변경하고 캔버스를 이동해야 합니다. 단축키에 익숙해지면 맵 만드는 속도가 빨라집니다.

속성 패널

속성 패널은 다음과 같은 것이 있습니다.

- **Objects 패널**: 오브젝트를 추가하는 대화상자를 열거나, 최근에 사용한 오브젝트를 미리 볼 수 있습니다.
- **Object details 패널**: 캔버스에 있는 오브젝트를 선택하면 해당 오브젝트의 속성과 고급 옵션을 보여줍니다.
- **Tile Effects 패널**: 메뉴에서 Tile Effects를 선택하면 나타납니다.

속성 패널의 세부 내용은 다음 장에서 자세히 설명하겠습니다.

Room 패널

룸 패널은 룸 목록과 새 룸을 만드는 버튼으로 구성돼 있습니다. 여기서 룸을 선택해서 선택한 룸을 꾸밀 수 있고 새 룸을 만들 수도 있습니다.

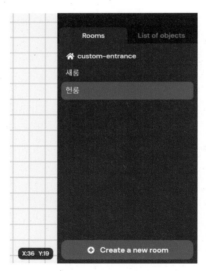

그림 10-7 룸 패널에서 새 룸을 만들 수 있다.

게더타운에서는 기본적으로 스페이스와 스페이스 사이를 웹페이지 주소, 즉 URL로 이동합니다. 반면 룸은 스페이스 자체에서 이동합니다. 스페이스 안에서는 어느 룸으로든 이동할 수 있지만, 다른 스페이스로 이동할 때는 기본 룸으로만 이동할 수 있습니다.

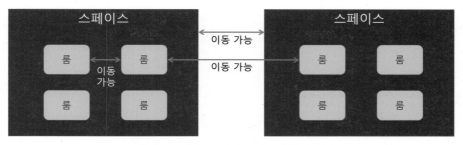

그림 10-8 스페이스와 룸 구조, 서로 이동할 수 있다.

List of objects 패널

List of objects, 즉 오브젝트 목록 패널은 캔버스에서 선택한 타일에 있는 타일 종류와 오브젝트의 이름을 위에서부터 순서대로 보여줍니다. 목록에 마우스를 가져다 대면 오른쪽에 나타나는 ① : 를 클릭해 해당 오브젝트의 순서(레이어, 층)를 바꿀 수 있습니다.

- Bring forward: 해당 오브젝트를 맨 앞으로 가져옵니다.

- Send to back: 해당 오브젝트를 맨 뒤로 보냅니다.

- Move up: 해당 오브젝트를 한 단계 앞으로 가져옵니다.

- Move down: 해당 오브젝트를 한 단계 뒤로 보냅니다.

- Duplicate: 해당 오브젝트를 복제합니다.

- Delete: 해당 오브젝트를 삭제합니다.

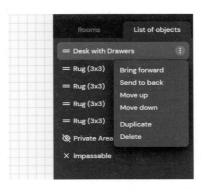

그림 10-9 오브젝트 목록 패널에서 오브젝트를 앞뒤로 옮길 수 있다.

백그라운드와
월&플로어 만들기

나만의 메타버스 공간을 만들기 위해 맵 메이커에 접속했지만 당장 무엇부터 시작해야 할지 막막합니다. 이때는 우리가 집을 만든다고 생각하면 좋습니다. 너른 땅에 집을 만든다면 먼저 바닥 공사부터 하고 벽을 세울 것입니다. 마찬가지로 게더타운에서 스페이스를 만들 때도 바닥을 다지고 벽을 세우는 일부터 시작해야 합니다.

게더타운은 바닥과 벽을 만드는 다양한 방법을 제공합니다. 정말 맨땅에서 삽질하듯 빈 공간에 바닥부터 다지는 방법이 있는가 하면, 이미 만들어진 탬플릿을 사용하는 방법도 있습니다. 포토샵이나 타일드(Tiled, 2D 배경을 쉽게 만드는 무료 소프트웨어) 같은 툴을 이용해 디자인할 수 있다면 멋진 배경을 만들어 맵 메이커에서 업로드할 수도 있습니다.

만약 게더타운을 처음 접한다면 맨땅에서 삽질하듯이 해보기를 추천합니다. 빈 공간에서 Wall & Floors(월앤플로어)부터 시작해서 직접 집을 만들어보는 것이 좋습니다. 여기서는 다양한 방법을 설명하겠습니다.

배경을 만드는 세 가지 방법

맵 메이커는 배경을 만드는 세 가지 방법을 제시합니다.

첫째는 월앤플로어 기능을 사용해 직접 배경을 만드는 것입니다. 벽과 바닥을 꾸미는 다양한 디자인을 제공하고 있으므로 누구나 쉽게 배경을 만들 수 있습니다.

둘째는 기존 템플릿의 배경을 그대로 사용하는 것입니다. 새 스페이스를 만들 때 템플릿을 사용하면 배경이 이미 들어있으므로 그대로 사용하면 됩니다.

셋째는 배경 이미지를 업로드하는 것입니다. 이미 만든 배경 이미지가 있거나, 포토샵이나 타일드, 파워포인트 같은 다른 프로그램에서 배경 이미지를 만들었다면 업로드해서 바로 배경으로 적용할 수 있습니다.

방법	장점	단점	용도
Wall & Floors에서 디자인	쉽게 제작 가능	디자인에 제한 있음	가상 오피스 등
기존 템플릿 배경 사용	배경 제작 불필요	배경이 많지 않음	회의나 미팅 등
배경 이미지 업로드	익숙한 툴 사용	디자인 감각 필요	축제 등 현실 복제

표 11-1 배경을 만드는 다양한 방법 중에서 적절한 방법을 선택해야 한다.

TIP

월앤플로어의 다른 이름은 Background Painter입니다. 게더타운 홈페이지의 매뉴얼에서는 두 이름을 혼용해서 사용하는데 같은 것이라고 보면 됩니다.

Wall & Floors에서 디자인

벽 만들기

월앤플로어 기능을 사용하면 드래그 앤 드롭으로 배경을 만들 수 있습니다. 그런데 이 기능은 집필일 기준으로 베타 기능이어서 기존에 업로드한 배경 이미지를 모두 없앱니다. 따라서 배경 이미지를 이미 사용하고 있다면 월앤플로어 기능을 사용해서는 안 됩니다.

그림 11-1 Wall & Floors는 베타 기능이므로 기존에 업로드한 배경 이미지를 삭제한다.

월앤플로어 기능을 선택하면 상단 메뉴에 ①Walls와 Floors가 나타나고 Walls 메뉴가 먼저 활성화합니다. 실시간 반영이 안되므로 수정 후에는 반드시 ②Done을 클릭해서 저장해야 합니다. 오른쪽 ③Walls 패널에는 몇 가지 벽이 있으며, 캔버스에 ④마우스를 클릭하거나 드래그하면 해당 벽이 배치됩니다. 벽을 지울 때는 ⑤지우개 도구를 선택해서 기존 벽을 클릭하면 됩니다. 이때 가로 벽은 세로로 두 칸을 차지하고 세로 벽은 한 칸만 차지합니다.

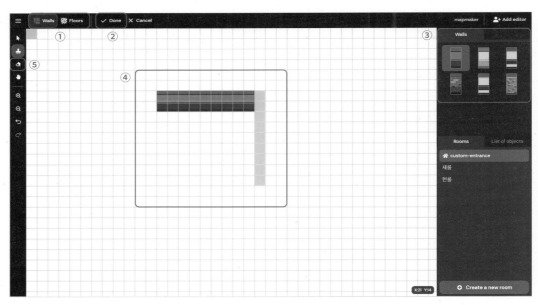

그림 11-2 캔버스를 클릭하거나 드래그하면 선택된 벽이 그려진다.

TIP

벽을 만들었다고 해서 캐릭터가 벽을 통과할 수 없는 것은 아닙니다. 캐릭터가 벽을 통과하지 못하게 하려면 타일 이펙트에서 설정해야 합니다.

바닥 만들기

벽을 다 그렸으면 이번에는 바닥을 그릴 차례입니다. 메뉴에서 ①Floors를 선택하면 오른쪽 Walls 패널이 ②Floor tiles 패널로 바뀌며 바닥 디자인이 수십 개 나타납니다. 여기서 적절한 바닥을 선택한 뒤 ③스탬프 도구를 선택하고 ④캔버스를 클릭하거나 드래그하면 바닥을 그릴 수 있습니다. 다 그렸다면 ⑤Done을 클릭해서 저장합니다.

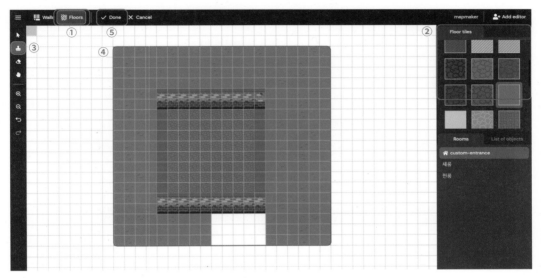

그림 11-3 바닥은 벽에 비해 다양한 디자인을 제공한다.

TIP

> 벽이 그려진 곳에는 벽을 없애거나 바닥을 그리거나 할 수 없습니다. 벽을 없애고 싶다면 메뉴에서 Walls를 클릭해 Walls 화면에서 벽을 지워야 합니다.

기존 템플릿 배경 사용

기존 템플릿의 배경을 사용하려면 기존 템플릿으로 스페이스를 만든 다음 맵 메이커로 이동하면 됩니다. 그런데 만약 기존 템플릿의 배경이 이미지로 업로드한 것이라면 월앤플로어 기능을 사용하는 순간 배경 이미지가 사라집니다.

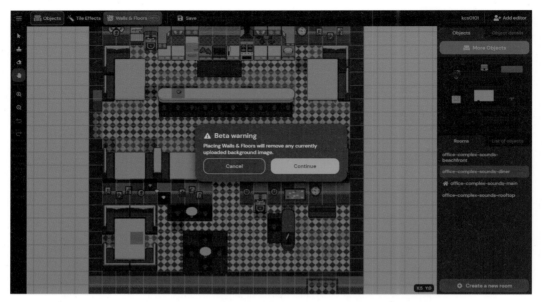

그림 11-4 많은 추천 템플릿이 배경을 월앤플로어가 아니라 다른 툴에서 만든 이미지를 업로드한 것이다.

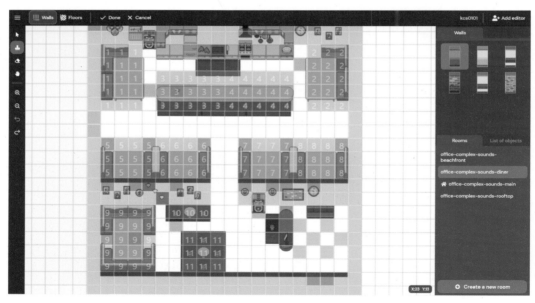

그림 11-5 배경 이미지를 업로드한 템플릿의 맵 메이커에서 월앤플로어를 사용하면 배경 이미지가 삭제된 상태에서
타일과 오브젝트만 남는다.

배경 이미지 업로드

템플릿의 배경 이미지를 다운로드해서 필요한 곳에 업로드할 수 있습니다. 왼쪽 위 ①≡을 클릭해서 ② Background & Foreground 메뉴 중 ③Download Background를 클릭하면 배경 이미지를 다운로드 할 수 있습니다.

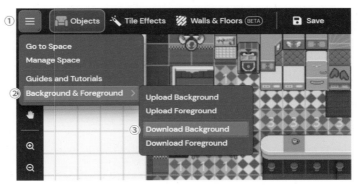

그림 11-6 템플릿 스페이스에서 배경 이미지를 다운로드 할 수 있다.

배경 이미지는 타일과 오브젝트가 모두 없는 상태이므로 어떻게 보면 굉장히 허전할 수 있습니다. 템플릿마다 달라서 어떤 배경 이미지는 단순하고 어떤 배경 이미지는 매우 복잡할 수 있습니다.

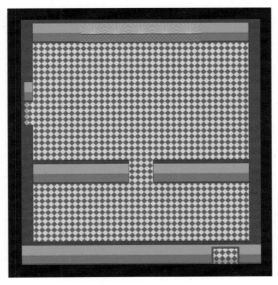

그림 11-7 템플릿 스페이스의 배경 이미지는 단순하기도 하고 복잡하기도 하다.

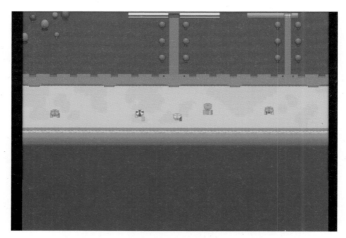

그림 11-8 어떤 템플릿의 배경 이미지는 몇 가지 오브젝트가 그려져 있기도 한다.

배경 이미지를 업로드할 때는 이미지가 PNG 파일이어야 하며, 왼쪽 위 ①☰을 클릭해서 ② Background & Foreground 메뉴 중 ③Upload Background 메뉴를 누른 다음 ④Upload a background를 선택하면 됩니다. ⑤Draw your own background를 클릭하면 월앤플로어로 넘어갑니다.

그림 11-9 배경 이미지를 두 가지 방법으로 만들 수 있다.

상용 배경 이미지 사용

템플릿의 배경 이미지 외에 상용 이미지를 구매해서 배경 이미지로 사용할 수도 있습니다. 상용 이미지를 판매하는 사이트는 다양하니 적절한 곳을 선택해서 2D Background나 2D Game Background 등으로 검색하면 됩니다. 상용 이미지 사이트로는 다음과 같은 곳이 있습니다.

- Shutterstock: https://www.shutterstock.com

- Freepick: https://www.freepik.com

- 123RF: https://kr.123rf.com

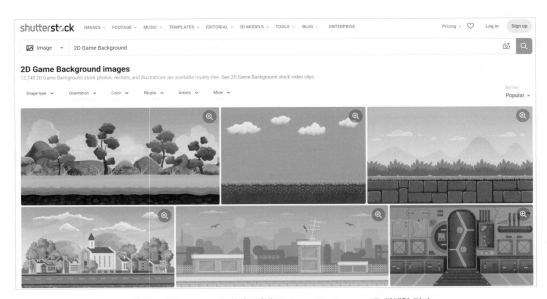

그림 11-10 Shutterstock 사이트에서 2D Game Background로 검색한 결과

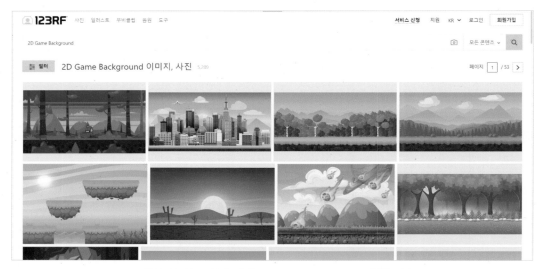

그림 11-11 123RF 사이트에서 2D Game Background로 검색한 결과

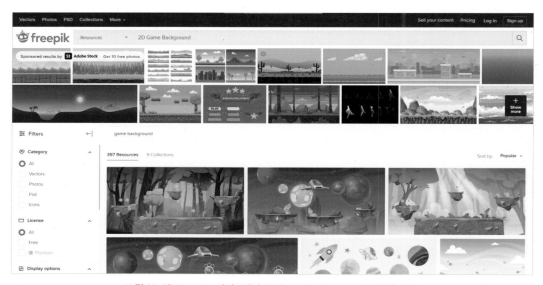

그림 11-12 Freepick 사이트에서 2D Game Background로 검색한 결과

TIP

유료 이미지를 캡처해서 사용하면 저작권에 위반되니 꼭 비용을 지불해 이미지 사용 라이선스를 가진 후 사용
하십시오.

포어그라운드(전경) 사용

포어그라운드^foreground는 지붕처럼 오브젝트 위에 덮는 이미지입니다. 예를 들어 어떤 회의실에 캐릭터가 들어가면 보이지 않게 만들고자 할 때 포어그라운드 이미지를 만들어서 등록하면 됩니다. 포어그라운드는 지붕이 되는 영역 외에는 투명해야 하므로 반드시 PNG 파일로 만들어야 하며, 백그라운드 이미지와 같은 사이즈여야 합니다. 포어그라운드는 기존 월앤플로어 위에 덮을 수 있습니다.

다음 그림은 백그라운드 이미지를 ①포어그라운드로 업로드한 것입니다. 가운데 ②김철수 캐릭터가 이름만 보이고 아바타는 보이지 않습니다. 포어그라운드 이미지 아래에 가려졌기 때문입니다.

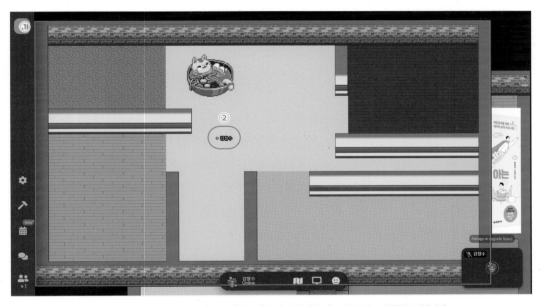

그림 11-13 포어그라운드 아래로 캐릭터가 들어가면 캐릭터는 안 보이고 이름만 보입니다.

TIP

포어그라운드를 사용하면 책상 밑에 숨거나 하는 등 여러 액션을 연출할 수 있습니다. 물론 이름이 보이므로 이름을 기호나 빈칸으로 바꾸든지 해야 합니다.

타일 이펙트 종류와 설정

타일 이펙트^{Tile Effects}는 캐릭터의 초기 위치와 움직임을 제어하거나, 다른 사람과 화상회의 하는 다양한 방식을 제공하는 일종의 게임 기능입니다. 예를 들어 미로 게임을 만든다면 캐릭터가 미로의 벽을 뚫고 지나가서는 안 됩니다. 또한 캐릭터가 처음 등장할 때 미로의 입구나 안쪽 어딘가에 위치해야 합니다. 엉뚱하게 출구나 미로를 찾을 수 없는 바깥에 위치하면 안 됩니다. 게더타운은 화상회의가 가능하므로 모두에게 안내하거나 특정한 지역 안에서는 모두와 화상회의를 할 수 있어야 합니다. 이런 기능을 설정하는 것이 타일 이펙트입니다.

맵 메이커에서 바닥과 벽을 다 만들었으면 그다음에 할 일이 바로 타일 이펙트로 타일 효과를 주는 것입니다. 가구 등을 배치하기 전에 미리 타일 이펙트를 적용하는 것이 좋습니다. 안 그러면 가구 이미지와 타일 이펙트 이미지가 뒤섞여서 분간하기가 쉽지 않습니다. 그러면 지금부터 타일 종류별로 구체적인 사용 방법을 알아보겠습니다.

Tile Effects 종류

메뉴에서 ①Tile Effects를 클릭하면 오른쪽에 ②Tile Effects 패널이 나타납니다. 여기에는 다섯 가지 타일 이펙트가 있습니다.

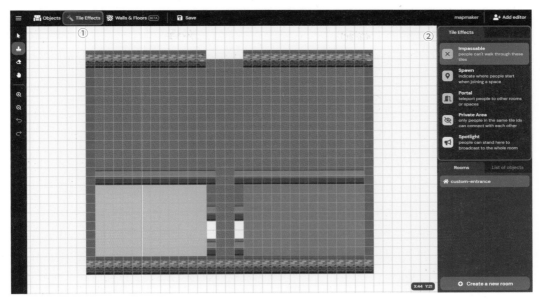

그림 12-1 타일 이펙트는 5가지가 있다.

Impassable은 캐릭터가 통과할 수 없는 타일을 만듭니다. Spawn은 캐릭터가 스페이스에 입장할 때 처음 배치되는 타일을 지정합니다. Portal은 다른 룸이나 스페이스로 이동하게 합니다. Private Area 는 해당 영역에 있는 사람들끼리 서로 화상회의를 할 수 있게 해줍니다. Spotlight는 룸 전체에 방송을 할 수 있게 합니다.

아이콘	타일 이펙트	설명	용도
✕	Impassable	캐릭터가 통과할 수 없는 타일	구획 정리, 가상 오피스, 회의실 분리 등
◉	Spawn	캐릭터가 처음 배치되는 타일	로비 입장, 참가자 분산, 게임 위치 지정 등
▯▮	Portal	다른 룸/스페이스로 이동하는 타일	층/건물/지역 이동, 독립 작업, 투어 등
◌	Private Area	화상회의 장소를 지정하는 타일	독립 공간에서 화상회의, 원격 회의 등
📢	Spotlight	룸 전체에 방송하는 타일	발표, 무대 인사, 안내방송 등

표 12-1 타일 이펙트 종류와 용도

Impassable: 캐릭터가 통과할 수 없는 타일

①Impassable^{임패서블} 타일 이펙트를 선택해 캔버스의 ②벽을 클릭하면 반투명한 빨간색으로 색칠됩니다. 마우스로 드래그하면 즉시 적용되므로 가로로 길게, 또는 세로로 길게 그리다 보면 삐뚤어질 때도 있으니 페인트를 칠하듯 천천히 칠하면 됩니다. 이렇게 빨간색으로 칠해진 타일에는 캐릭터가 지나갈 수 없습니다. 캐릭터가 지나갈 수 없으니 벽이나 책상, 파티션 등에 적용하면 됩니다. 미로 게임이나 방탈출 게임을 만들 때도 임패서블 타일 이펙트를 사용하면 원하는 대로 만들 수 있습니다.

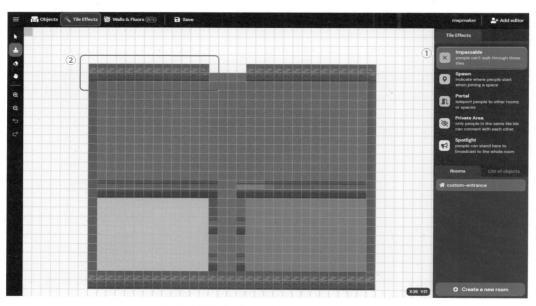

그림 12-2 어떤 캐릭터도 임패서블 타일을 지나갈 수 없다.

Spawn: 캐릭터가 처음 배치되는 타일

참가자가 게더타운 스페이스에 접속하면 캐릭터를 어딘가에 배치해야 합니다. 이때 캐릭터 배치 장소를 정할 수 있는 것이 스폰 타일 이펙트입니다. ①Spawn을 선택하고 ②로비 등 적절한 곳을 클릭해 스폰 위치를 만들면 됩니다. 이때 ③기본 스폰 타일 이펙트 하나가 왼쪽 위에 칠해져 있으니 반드시 지워야 합니다. 또 ④사용 영역 밖에 잘못 칠하면 어떤 참가자는 로비나 회의실로 못 들어올 수 있으니 영역 밖에 스폰 타일 이펙트가 적용되지 않도록 꼭 확인합니다.

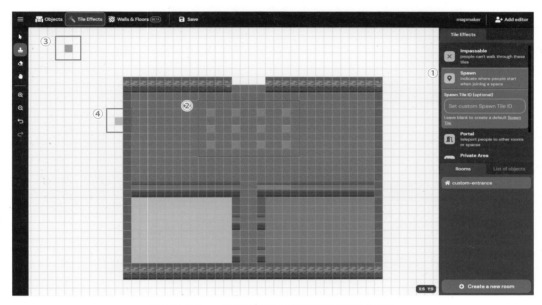

그림 12-3 Spawn 타일 이펙트를 여러 타일에 적용할 수 있다.

> **TIP**
>
> 스폰 타일을 몇 개 만들지는 참가자 수와 동시 접속자 수로 결정합니다. 참가자 수가 많고 동시 접속자 수도 많다면 스폰 타일을 많이 만들어야 합니다. 예를 들어 100명이 참가하고 동시에 50명 이상이 접속한다면 스폰 타일을 50개는 만들어 놓아야 합니다. 로비 바닥을 모두 스폰 타일로 칠해도 됩니다. 그런데 이때 또 주의할 것이 있습니다. 스폰 타일을 뭉쳐 놓으면 참가자가 해당 스폰에 배치되자마자 화상회의가 실행됩니다. 그러면 순식간에 다른 사람에게 자기 비디오와 오디오를 노출하게 되고, 또 인접한 스폰 타일에 배치된 다른 사람 비디오와 오디오가 한꺼번에 켜지면서 혼란스럽습니다. 따라서 스폰 타일을 3~5칸 이상 떨어뜨려서 배치하는 것이 좋습니다. 다른 사람의 비디오와 오디오가 5칸 이내에서부터 작동하기 때문입니다.

스폰 타일 이펙트 기능 중에 특정 참가자를 특정 위치에 배치하는 기능이 있습니다. ①Spawn Tile ID
에 숫자나 문자를 입력한 뒤 캔버스에서 타일을 지정하면 해당 ②아이디가 입력되는 것을 볼 수 있습니
다. 이렇게 해서 참가자를 특정 위치에 배치할 수 있습니다.

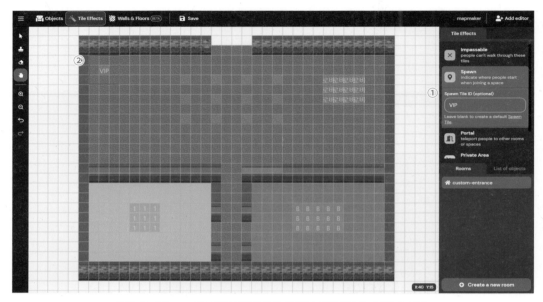

그림 12-4 Spawn Tile ID를 사용하면 참가자별로 특정 위치에 배치할 수 있다.

참가자별로 특정 위치에 배치하려면 일단 스페이스로 이동해서 ①캘린더 아이콘을 눌러 캘린더 패널
을 엽니다. ②Create new event를 클릭하면 나오는 화면에서 ②Select location을 누릅니다. 그러면
좀 전에 만든 ④Spawn Tile ID 목록이 나타납니다. 여기서 아무 아이디나 선택한 뒤 ⑤Copy location
link를 클릭하면 해당 위치로 바로 가는 링크가 복사됩니다. 이 링크를 특정 참가자에게 알려주면 됩니
다.

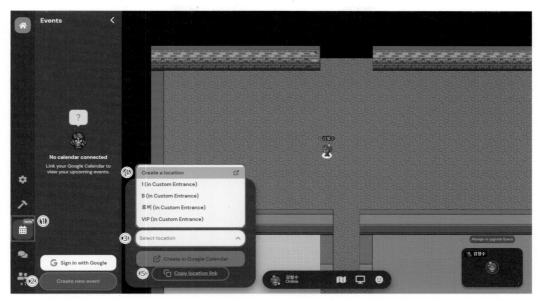

그림 12-5 캘린더 패널에서 특정 참가자를 위한 링크를 복사할 수 있다.

링크는 다음과 같은 형식으로 돼 있습니다.

- https://gather.town/app/uHHH...JtVAe/mapmaker?spawnToken=F0E0...t5he

---

TIP

참가자가 링크를 타고 접속했다 할지라도 아이디가 적용되지 않은 기본 스폰 자리에 배치될 수 있습니다. 그 이유는 일단 게더타운 자체의 오류일 때도 있고, 처음 접속한 사람이 튜토리얼을 보다가 엉뚱한 것을 누르기도 하고, 브라우저에서 토큰을 허용하지 않기도 하는 등 다양합니다. 따라서 어느 정도 게더타운에 익숙한 참가자를 대상으로 링크를 알려주는 것이 좋습니다.

Portal: 다른 룸/스페이스로 이동하는 타일

포털은 다른 룸이나 다른 스페이스로 이동할 때 사용하는 타일 이펙트입니다. 예를 들어 지금 있는 룸이 1층이라고 하고 2층 룸을 따로 만들었다고 해 보겠습니다. 이때 1층에서 2층으로 이동하려면 포털 타일 이펙트를 적용해야 합니다. 방법은 간단합니다. Tile Effects 패널에서 ①Portal을 선택하고 ②입구나 출구 등 적절한 위치를 클릭합니다. 그러면 ③Pick portal type 패널이 나타나는데, 여기서 룸으로 연결할지(Portal to a room) 다른 스페이스로 연결할지(Portal to another space) 선택합니다.

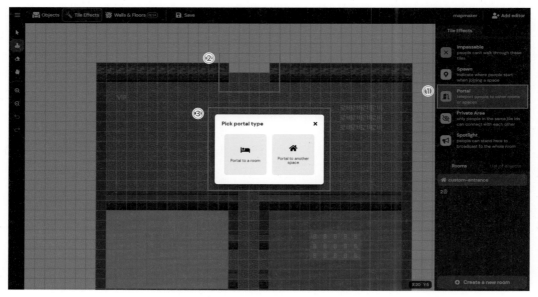

그림 12-6 다른 룸, 또는 다른 스페이스로도 이동할 수 있다.

Portal to a room을 누르면 Pick room to portal to 패널이 나타나서 룸 목록을 보여주며 어떤 룸으로 이동할지 선택하라고 나옵니다. 여기서 2층을 선택하면 2층 룸이 보입니다. 이때 2층의 적절한 곳을 선택하면 다시 원래 룸으로 돌아오면서 포털 기능이 완성됩니다.

그림 12-7 룸 목록에서 룸을 선택할 수 있다.

> TIP
>
> 룸 목록에는 현재 룸도 포함돼 있어서 룸 안에서도 포털이 가능합니다. 이것을 잘 사용하면 회의실 등으로 순간 이동도 가능합니다.

Portal to another space를 누르면 Input space to portal to 패널이 나타납니다. 해당 스페이스의
URL을 입력하고 CONFIRM을 누르면 됩니다.

그림 12-8 URL은 해당 스페이스로 입장했을 때 나오는 브라우저 주소창의 URL이다.

> **TIP**
>
> 포털 타일은 한 번에 하나씩만 지정할 수 있습니다. 서너 개의 타일에 포털을 적용하려면 서너 번 반복해야 합
> 니다.

Private Area: 화상회의 장소를 지정하는 타일

프라이빗 에어리어Private Area는 화상회의를 할 수 있는 일정한 장소를 지정할 때 사용합니다. 원래 게더
타운은 다른 캐릭터와 5칸 이내로 가까워지면 화상회의를 할 수 있습니다. 그런데 다른 사람이 주변에
있더라도 유리 벽으로 감싸서 몇 사람만 화상회의를 하거나, 넓은 강당에서 수십 명이 5칸 이상 떨어져
있더라도 대화하게 할 필요가 있습니다. 이때 프라이빗 에어리어를 설정합니다.

우선 ①Private Area를 선택하고 ②Area ID에 숫자나 글자를 입력한 뒤 원하는 ③타일 영역을 드래그
합니다. 그러면 타일이 반투명한 분홍색으로 색칠됩니다. 이제 아이디가 같은 타일에 캐릭터가 위치해
있다면 5칸을 초과해서 떨어져 있어도 같이 화상회의를 할 수 있습니다. 벽을 넘어서도 같은 아이디라
면 서로 화상회의를 할 수 있습니다. 예를 들어 아이디 ④2를 벽 넘어 로비에 추가했더라도 ③2 회의실
에 있는 사람과 서로 화상회의를 할 수 있습니다.

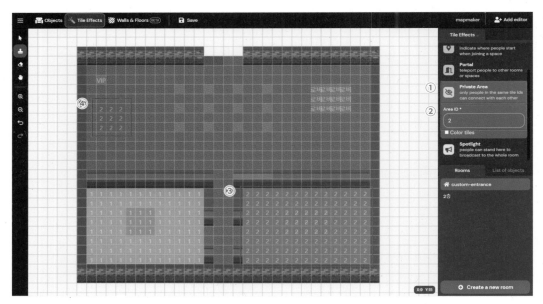

그림 12-9 프라이빗 에어리어는 위치와 관계없이 아이디가 같기만 하면 서로 화상회의를 할 수 있다.

> **TIP**
>
> 프라이빗 에어리어를 잘 사용하면 먼 곳에 있는 사람과 원격 회의도 가능하고, 스탭이 해당 회의실에 직접 들어가지 않고도 회의실 상황을 바로 파악할 수 있습니다. 특히 조별 회의를 위해 조별로 회의장을 나눠 들어갔을 때, 강사나 교사가 일일이 해당 회의실로 이동하지 않고, 무대 옆에 프라이빗 에어리어를 배치하면 아주 쉽게 각 회의실의 화상회의에 참여할 수 있습니다.

프라이빗 에어리어 아이디 입력 칸 밑에는 **Color tiles** 체크 박스가 있습니다. 컬러 타일을 체크하지 않으면 스페이스에서 캐릭터가 해당 프라이빗 에어리어에 올라왔을 때 해당 영역을 ①반투명하게 보여줍니다. 컬러 타일을 체크한 뒤 타일이펙트를 적용하면 해당 타일에 프라이빗 에어리어가 적용된 모습을 ②컬러 동그라미로 보여줍니다.

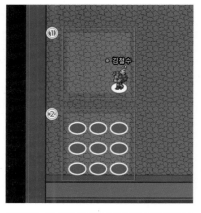

그림 12-10 컬러 타일을 적용하면 동그라미 컬러로 프라이빗 에어리어임을 보여준다.

Spotlight: 룸 전체에 방송하는 타일

스포트라이트 타일 이펙트는 룸에 있는 모든 사람에게 방송할 때 사용합니다. 스포트라이트에 선 사람의 비디오가 다른 모든 사람에게 나타날 뿐만 아니라 비디오 순서도 맨 앞으로 이동합니다. 참가자에게 강의를 하거나 안내를 할 때 사용하면 됩니다.

스포트라이트 타일은 몇 개 만들든 상관은 없습니다. 그런데 만약 여러 캐릭터가 스포트라이트에 올라서면 동시에 여러 사람의 비디오와 오디오가 활성화됩니다. 그러면 혼란스럽기도 하고 누가 진행자인지 누가 발표하는지 모를 수 있습니다. 따라서 스포트라이트 타일은 1개로 만들고 스탠드 마이크 등의 오브젝트를 하나 배치하는 것이 좋습니다.

그림 12-11 누군가 스포트라이트를 시작하면 비디오에 확성기 아이콘이 나타난다.

기존 오브젝트
사용하기

오브젝트^{Objects}는 가구나 장식, TV나 악기 등 다양하게 배치할 수 있는 모든 요소를 일컫습니다. 오브젝트에는 텍스트도 포함되고 일반 이미지 파일도 오브젝트로 만들어 올릴 수 있습니다. 글로벌 빌드를 활성화하면 참가자도 오브젝트를 배치할 수 있는데, 보통은 운영자가 오브젝트를 만들어 배치합니다.

바닥과 벽, 타일 이펙트를 완료했다면 이제 가구를 들이거나 장식을 할 차례입니다. 참가자와 서로 소통할 수 있는 다양한 상호작용도 만들어야 합니다. 이는 모두 오브젝트 메뉴에서 할 수 있습니다. 처음에는 다소 많은 오브젝트 때문에 선택하기가 쉽지 않고, 오브젝트마다 고급 옵션이 있어서 이해하기가 쉽지 않습니다. 일단은 간단한 가구부터 차근차근 배치하면서 점점 고급 옵션을 사용해 보기를 권합니다.

Objects 종류

오브젝트를 배치하려면 ①Objects 메뉴를 선택한 뒤 ②Objects 패널에서 More Objects를 선택합니다. 그러면 ③Objects picker 패널이 나타나고, 여기서 여러 카테고리로 오브젝트를 찾거나 검색창에 검색어를 입력해 검색할 수 있습니다(검색은 영어로만 가능합니다).

그림 13-1 원하는 오브젝트는 카테고리나 검색으로 찾을 수 있다.

오브젝트 카테고리 내용은 다음과 같습니다.

- Office Decor: 가상 오피스를 만들 때 필요한 가구와 사무용품 예) 과일, 상자, 화분 등

- Presentation: 자료나 영상을 보여주는 가구나 전자기기 예) 칠판, 책, 부스, 게시판, 포스터, 프로젝터, TV 등

- Celebration: 서양식 파티용품 예)풍선, 초, 배너, 부케, 케익, 달걀, 불꽃, 햄, 하프, 핫도그 판매대 호박 장식 등

- Outdoor: 정원 장식이나 캠핑용품 예) 동상, 징검다리, 테이블, 텐트, 물뿌리개 등

- Furniture: 일반 사무용 가구 예) 의자, 책상, 소파, 테이블, 칸막이, 책장, 다리, 캐비넷, 카운터, 부스, 선반, 스토리지, 장식 스크린 등

- Decoration: 인테리어 장식이나 테이블 소품 예) 국기 장식, 트로피, 피아노, 풍선, 배너, 책, 바구니, 게시판, 케이크 등

- Appliance: 악기나 가전제품 예) 악기, 라디오, 코일, 프린터, 컴퓨터, 램프, 조명, 핫도그 판매대, 스토브, TV, 자판기 등

- Game: 게임을 할 수 있는 오락 도구 예) 아케이드, 테트리스, 포커, 수도쿠 등

- Plant: 식물이나 화분

- Sound: 소리가 들어간 오브젝트 예) 분수, 장작 등

- Wayfinding: 길 찾기 안내 표지판 예) 화살표, 안내판, 사인, 비상구 등

- Insert Text: 텍스트를 오브젝트로 입력

- Upload New: 내 이미지를 오브젝트로 입력

오브젝트 배치

①오브젝트를 골라서 선택하면 오른쪽 ②Object Details에서 오브젝트를 회전하거나 색깔이나 모양을
바꿀 수 있습니다. ③Object Interactions에서 특별한 인터랙션을 선택하지 않으면 그냥 ④Select 버
튼을 누릅니다.

그림 13-2 오브젝트를 클릭하면 세부 설정을 할 수 있다.

> **TIP**
>
> 모든 오브젝트가 회전이 가능한 것은 아닙니다. 어떤 오브젝트는 회전 기능을 제공하지 않을 수도 있습니다.

그러면 마우스 커서에 해당 오브젝트가 따라다니는데, 타일 위치에 맞게 움직입니다. 원하는 위치를 클릭하면 ①오브젝트가 배치되고 계속 클릭하면 계속 배치됩니다. 배치를 그만하려면 ②화살표 도구 등 다른 도구를 선택합니다. 배치 위치를 바꾸려면 화살표 도구를 선택해서 해당 오브젝트를 움직입니다. 지우려면 ③지우개 도구를 선택해서 해당 오브젝트를 선택하면 됩니다.

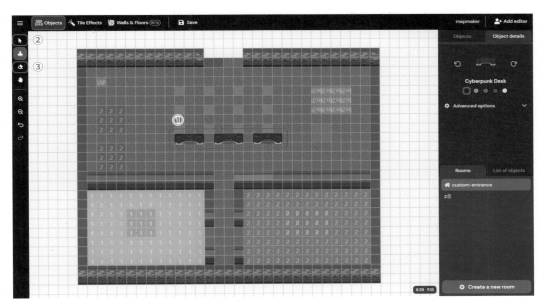

그림 13-3 캔버스에서 원하는 위치를 클릭할 때마다 오브젝트가 계속 배치된다.

> **TIP**
>
> 마우스 오른쪽 버튼을 눌러도 오브젝트가 배치됩니다.

오브젝트는 여러 개가 겹쳐질 수도 있습니다. 예를 들어 테이블 위에 화분을 놓는다면 테이블 오브젝트와 화분 오브젝트가 겹쳐집니다. 그러면 테이블 위에 화분이 올려진 것처럼 보입니다. 그러나 만약 화분을 먼저 배치하고 그다음에 테이블을 배치하면 화분은 테이블보다 작아서 보이지 않습니다.

이때 ①테이블 오브젝트를 선택하면 ②List of objects 패널에 해당 타일에 배치된 오브젝트 목록이 나타납니다. 목록에 마우스를 대면 나타나는 ③ ⋮ 을 클릭하면 오브젝트 순서를 바꿀 수 있습니다.

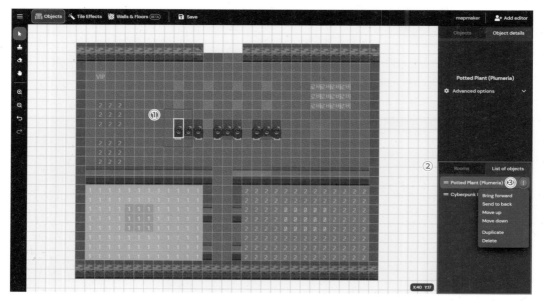

그림 13-4 오브젝트는 파워포인트 도형처럼 겹치게 할 수 있다.

> **TIP**
>
> 만약 테이블에 화분이 가려서 안 보인다면 화분을 위로 올려서 보이게 할 수 있습니다. 파워포인트의 도형이 겹치는 것과 비슷하다고 생각하면 됩니다. 여기에서 특정 오브젝트를 복제하거나 삭제할 수도 있습니다.

게임 오브젝트

게더타운은 사전에 정의된 인터렉티브 오브젝트, 즉 특정 기능을 이미 가진 오브젝트를 제공합니다. 예를 들어 ①Game 카테고리에서 ②Battle Tetris 오브젝트를 클릭하면 ③Object Interactions에 Embedded website가 선택돼 있습니다.

그림 13-5 Battle Tetris 오브젝트처럼 인터렉티브 오브젝트는 인터랙션이 이미 설정돼 있다.

Embedded website를 클릭하면 Website(URL) 입력 칸에 Autogenerated if left blank라는 문구가 보입니다. 이 칸을 비워 두면 자동으로 테트리스를 할 수 있는 웹사이트와 연결된다는 뜻입니다. 즉, 이 오브젝트는 테트리스를 할 수 있는 웹사이트를 호출해서 게더타운 안에서 쓸 수 있게 미리 만들어진 것입니다. Activation distance는 해당 오브젝트를 중심으로 사방의 타일 개수입니다. 1은 사방으로 한 칸씩 안에 들어왔을 때 해당 오브젝트의 기능이 작동한다는 뜻입니다.

그림 13-6 웹사이트 주소를 입력하는 칸을 비워 두면 자동으로 테트리스 사이트를 호출한다.

Battle Tetris 오브젝트를 캔버스에 배치한 뒤 스페이스로 이동하면 해당 오브젝트가 보이고, 1칸 이내로 가까이 가면 Press X to play Battle Tetris 문구가 툴팁으로 나타납니다.

그림 13-7 인터렉티브 오브젝트에 가까이 가면 오브젝트가 반응한다.

키보드의 X 키를 누르면 테트리스 사이트가 게더타운 화면 안으로 들어와서 게임을 할 수 있습니다. 게임은 외부 서비스이고 아이프레임^{iframe}으로 웹사이트를 가져와서 보이게만 한 것이므로 게더타운 계정과 연결되거나 하지는 않습니다.

그림 13-8 테트리스 게임을 할 수 있다.

> **TIP**
>
> 키보드의 X 키를 눌렀는데 아무 변화가 없다면 키보드 입력 언어가 한글로 돼 있을 수도 있습니다. 이때는 키보드의 입력 언어를 영어로 바꾸고 다시 X 키를 눌러 보십시오. 대문자인지 소문자인지는 상관없습니다.

게더타운이 제공하는 주요 게임 오브젝트 목록은 다음과 같습니다.

- 테트리스^{Tetris}: https://jstris.jezevec10.com
- 코드네임^{Codenames}: https://netgames.io/games/codewords
- 포커^{Poker}: https://lipoker.io
- 셋^{Set}: https://setwithfriends.com
- Skribbl: https://skribbl.io
- 스도쿠^{Sudoku}: https://sudoku.gather.town
- Survive: https://surviv.io
- 카탄^{Catan-esque game}: https://colonist.io
- 도미노^{Dominion}: https://dominion.games
- 크로스워드^{Crosswords}: https://downforacross.com
- Fishbowl: https://fishbowl-game.com
- 한밤의 늑대인간(마피아)^{One Night Werewolf}: https://netgames.io/games/onu-werewolf
- Draw Battle: https://drawbattle.io
- 피아노^{Piano}: https://musiclab.chromeexperiments.com/Shared-Piano/#pTf9y7kT6
- Witch Dice: https://witchdice.com/simple/gather-RAmKlsRU70jQ0U9itable2

사운드 오브젝트

장작 타는 소리나 분수 소리, 물소리 등 일정한 소리를 자동으로 내는 사운드 오브젝트가 있습니다. 이 오브젝트는 특별히 인터랙션을 설정하지 않아도 게더타운이 사운드를 넣어서 제공합니다. 카테고리에서 ①Sound를 선택하면 여러 가지 ②사운드 오브젝트를 볼 수 있습니다.

그림 13-9 캠파이어 오브젝트는 장작 타는 소리를 낸다.

사운드 오브젝트는 오브젝트 모양을 갖고 있습니다. 그런데 사운드 에미터^{Sound Emitter}는 스탠드 확성기 모양이지만 오브젝트 모양 없이도 만들 수 있습니다. Sound Emitter 오브젝트를 선택한 뒤 Object Details에서 맨 오른쪽 투명 동그라미를 선택하면 오브젝트 모양이 사라집니다. 일종의 투명 오브젝트 가 되는 셈입니다.

그림 13-10 사운드 에미터는 특별한 모양 없이 배치할 수 있다.

사운드 볼륨을 조절할 때는 참가자가 직접 해야 합니다. 스페이스의 ①설정 아이콘을 눌러 ②User의 ③SFX volume에서 조절하면 됩니다.

그림 13-11 사운드 오브젝트의 사운드를 조절하는 것은 참가자가 직접 해야 한다.

TIP

사운드 에미터를 많이 사용하면 시끄러워서 화상회의 하기가 어려울 때도 있습니다. 또 처음 접속했을 때 지나치게 큰 소리가 날 때도 있습니다. 첫 입장 룸에서는 가능하면 사운드 에미터를 쓰지 말고, 꼭 필요한 곳에만 사운드 오브젝트를 한 개 정도 배치하는 것이 좋습니다.

텍스트 오브젝트

①Insert Text 기능을 이용하면 간단한 텍스트를 입력할 수 있습니다. ②입력 칸에 텍스트를 입력하고 ③Font size에서 폰트 사이즈를 조절할 수 있습니다. 타일 한 칸이 가로 세로 각 32픽셀이므로 이에 맞춰 적절하게 폰트 사이즈를 정하면 됩니다. 기본은 24픽셀입니다. ④Offset x와 Offset y는 텍스트가 입력되는 가장 왼쪽 첫 번째 타일의 왼쪽 위에서부터 얼마나 여백을 띄울지를 결정하는 값입니다. 예를 들어 Offset X와 Y를 모두 10으로 입력하면 왼쪽 위부터 10px 떨어진 위치에서 텍스트가 시작합니다.

그림 13-12 텍스트 사이즈와 위치를 조절할 수 있다.

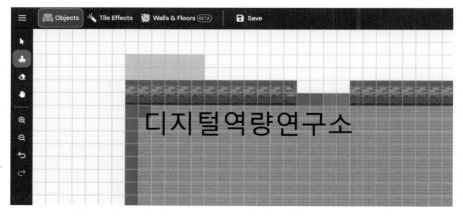

그림 13-13 Font size를 62, Offset x와 Offset y를 각 15로 설정한 뒤 배치한 모습

TIP

Insert Text 오브젝트에서는 텍스트 컬러나 폰트를 바꿀 수 없으므로 간단한 용도로만 사용하고, 회사 로고 등은 이미지 업로드를 이용하는 것이 좋습니다.

이미지 업로드

①Upload New 기능을 사용하면 PC에 있는 이미지를 오브젝트처럼 사용할 수 있습니다. ②이미지를 드래그하거나 화면을 클릭해서 이미지 파일을 찾습니다. ③Object Details에서 오브젝트 이름을 입력하고 ④Create and select 버튼을 누릅니다.

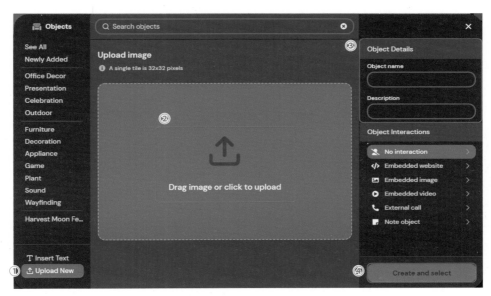

그림 13-14 회사나 학교 로고 등은 이미지를 올려서 사용하는 것이 좋다.

TIP

Object name에 반드시 오브젝트 이름을 입력해야 오브젝트를 적용할 수 있습니다.

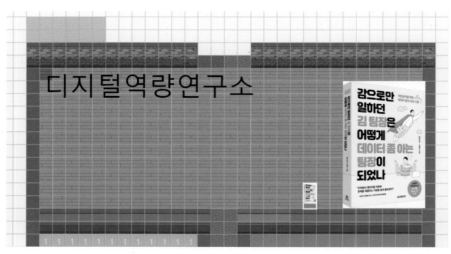

그림 13-15 이미지를 등록해 오브젝트로 사용할 수 있다.

TIP

이미지 사이즈를 적절히 조절해야 합니다. 이미지가 너무 크면 메타버스가 아니라 광고판으로 보입니다.

나만의
인터렉티브 오브젝트 만들기

오브젝트 대부분은 참가자와 상호작용할 수 있는 기능을 제공합니다. 특정 웹사이트를 보여주거나, 유튜브 비디오를 재생하거나, PDF 문서를 보여주거나, 포스트잇으로 메모를 표시하는 등의 기능이 있습니다. 이런 상호작용을 통해 게더타운은 소유자와 사용자, 또 사용자끼리 다양한 활동을 전개할 수 있습니다. 방 탈출이나 소모임, 전시회나 워크숍이 가능한 것입니다.

게더타운은 상호작용을 쉽게 만들 수 있고 옵션을 종류별로 나눠 놓았습니다. 오브젝트 인터랙션의 종류는 적용하지 않는 것을 포함해서 6가지가 있습니다. 인터랙션을 2개 이상 동시에 줄 수는 없습니다.

- No Interaction: 모든 인터랙션 제거

- Embedded website: 웹사이트나 클라우드에 있는 문서/이미지 등 연결

- Embedded image: PC 이미지 업로드

- Embedded video: 유튜브나 비메오 등 비디오 공유 사이트의 영상 연결

- External call: Zoom 등 외부 화상회의 툴 연결

- Note object: 스티커(포스트잇) 활성화

그런데 구글이나 유튜브 등 외부 서비스와 연계할 때는 경우에 따라 추가로 해야 할 작업이 있습니다. 모든 것을 다 이해하기보다는 게더타운을 사용하다 어떤 것이 필요할 때 이 장을 참고하면 좋습니다.

Embedded website: 웹사이트나 클라우드에 있는 문서/ 이미지 등 연결

웹사이트 임베드 하기

Embedded website는 특정 웹사이트나 웹페이지를 불러와서 게더타운 안에 프레임으로 보여줍니다. 예를 들어 많은 참가자와 텍스트나 사진, 영상 등을 쉽게 공유할 수 있는 웹 서비스인 패들릿^{Padlet}을 연결하고 싶으면 해당 패들릿의 URL을 복사한 뒤, ①오브젝트를 선택하고 ②Embedded website의 Website(URL) 입력 칸에 붙여넣고 ③Select 버튼을 누른 다음 캔버스에서 적절한 위치에 배치하면 됩니다.

그림 14-1 패들릿 URL을 붙여넣기만 하면 된다.

해당 오브젝트를 활성화하면 패들릿 화면이 게더타운 안에서 보입니다.

그림 14-2 패들릿을 보면서 화상회의를 할 수 있다.

인터랙션을 수정할 때는 캔버스에서 해당 ①오브젝트를 선택한 뒤 ②Object details의 Website(URL)
의 주소를 변경합니다.

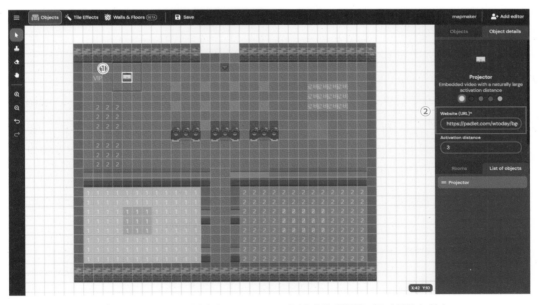

그림 14-3 오브젝트를 선택하면 Object details 패널에서 인터랙션을 바로 수정할 수 있다.

임베드 기능 여부 확인하기

인터렉티브 오브젝트가 내게 보인다고 해서 다른 사람에게도 보인다는 법은 없습니다. 예를 들어 어떤 사무실에서는 보안 때문에 패들릿 자체에 접속할 수 없는 경우가 있습니다. 그럴 때는 게더타운에서도 패들릿이 보이지 않습니다. 따라서 이런 인터랙션을 사용할 때는 보안과 접속 가능 여부를 미리 체크한 뒤 인터랙션을 적용해야 합니다.

보안 문제는 없지만 게더타운에 임베드를 허용했는지 여부에 따라 게더타운에서 연결하지 못하는 경우가 많습니다. 예를 들어 강사들이 많이 사용하는 패들릿은 게더타운에서 임베드할 수 있도록 허용돼 있지만, 구글 잼보드는 임베드할 수 없습니다. 어떤 웹사이트를 게더타운에 임베드할 수 있는지는 다음 주소에서 확인할 수 있습니다.

https://www.w3schools.com/tags/tryit.asp?filename=tryhtml_iframe

왼쪽 화면에서 ①iframe src 다음에 임베드하려는 웹사이트나 웹페이지의 URL을 붙여넣고 ②Run을 클릭합니다. ③오른쪽 화면에 해당 페이지가 제대로 나타나면 게더타운에서도 제대로 보입니다.

그림 14-4 게더타운에 임베드할 수 있으면 해당 웹사이트가 정상적으로 보인다.

반면 구글 잼보드는 임베드할 수 없습니다. 그래서 화면이 나타나지 않고 회색 배경에 인상 쓴 아이콘만 나타납니다.

그림 14-5 게더타운에 임베드할 수 없으면 회색 배경으로 보인다.

구글 문서 임베드하기

구글 문서는 쉽게 임베드 할 수 있습니다. 구글 드라이브에서 ①파일을 선택한 뒤 마우스 오른쪽 버튼을 눌러 공유나 링크 생성을 선택한 뒤 ②링크를 복사하면 됩니다.

그림 14-6 구글 드라이브 문서를 쉽게 임베드할 수 있다.

게더타운으로 돌아와서 원하는 오브젝트를 선택하고 Website(URL)에 입력한 뒤 오브젝트를 배치하면 됩니다. 스페이스에서 해당 오브젝트 근처에 가서 X 키를 누르면 구글 드라이브 문서가 열립니다.

그림 14-7 구글 문서를 쉽게 임베드할 수 있다.

TIP

구글 문서를 임베드할 때 편집 가능으로 설정하면 게더타운 안에서도 편집이 가능합니다.

파워포인트 슬라이드 쇼 임베드하기

구글 드라이브에 올린 파워포인트나, 구글 슬라이드로 만든 것을 슬라이드 쇼로 열고자 할 때는 해당 파일을 열어서 ①파일 메뉴에 있는 ②웹에 게시를 눌러 게시를 해야 합니다.

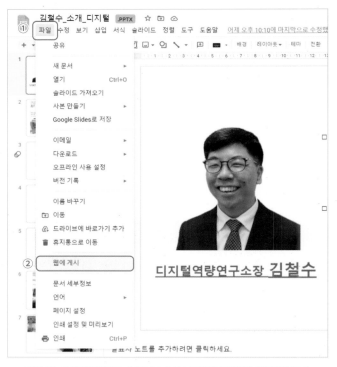

그림 14-8 파워포인트를 슬라이드 쇼로 보려면 먼저 웹에 게시해야 한다.

웹에 게시 패널이 나타나면 링크 주소를 복사합니다.

그림 14-9 게시 후 링크에서 pub 뒤를 embed로 바꿔서 게더타운 오브젝트에 적용한다.

링크 주소에서 'pub?'로 시작하는 내용을 'embed'로 바꾼 뒤 오브젝트의 Website(URL)에 입력합니다.

- **당초**: https://docs.google.com/presentation/d/e/2PACX.../**pub?start=false&loop=false&delay
ms=3000**

- **변경**: https://docs.google.com/presentation/d/e/2PACX.../**embed**

PDF와 동영상 파일 임베드하기

구글 드라이브에 있는 파워포인트나 워드 등은 쉽게 임베드할 수 있지만, PDF 파일이나 동영상 파일은 그렇지 못합니다. 이런 파일 링크를 Website(URL)에 입력하고 적용하면 문서나 영상이 보이지 않습니다.

그림 14-10 구글 드라이브의 PDF나 동영상 파일은 링크 주소의 끝자리를 바꿔야 한다.

이 문제를 해결하려면 구글 드라이브에서 링크를 가져온 뒤 맨 뒤에 있는 view 이후를 'preview'로 바꾸면 됩니다.

- **당초** URL: https://drive.google.com/file/d/1ELeCi....9Hcg/**view?usp=sharing**
- **변경** URL: https://drive.google.com/file/d/1ELeCi....9Hcg/**preview**

Embedded image: PC 이미지 업로드

게더타운은 PC 이미지를 업로드해서 보여줄 수 있습니다. 적절한 오브젝트를 선택한 뒤 Embedded image 메뉴로 들어가면 Image와 Preview image를 내 PC에서 선택할 수 있습니다.

그림 14-11 내 PC의 이미지를 업로드해서 보여줄 수 있다.

스페이스에서 캐릭터가 해당 오브젝트에 가까이 가면 미리 보기 이미지가 화면 가운데 아래에 나타납니다. 미리 보기 크기는 450×100픽셀입니다. 이미지 크기가 미리 보기 화면보다 작으면 이미지가 확대되고 크면 스크롤이 생깁니다. 미리 보기 이미지를 만들 때는 적절한 사이즈로 변경하는 것이 좋습니다.

그림 14-12 미리 보기 이미지는 화면 가운데 아래에 450×100픽셀 크기로 보인다.

이미지가 임베드된 오브젝트에서 키보드의 X 키를 누르면 원래 이미지를 보여줍니다. 이때 이미지를 최대 확대하므로 이미지가 브라우저 해상도보다 작으면 임의로 확대됩니다. 게더타운은 이미지 크기를 최소 가로 1000픽셀, 세로 600픽셀 이상을 추천합니다. PNG, JPG, WEBPB 포맷을 허용하며, 최대 3MB 이하만 업로드할 수 있습니다.

그림 14-13 이미지가 작으면 해상도에 맞게 확대되므로 적절한 이미지 크기가 필요하다.

Embedded video: 유튜브나 비메오 등 비디오 공유 사이트의 영상 연결

Embedded video는 동영상 주소를 입력하면 영상을 바로 재생해 주는 기능입니다. 유튜브나 비메오 등의 영상 주소를 Video(URL)에 입력하면 됩니다. 게더타운은 비메오를 선호하는지 비메오 주소를 예시로 보여주고 있습니다.

그림 14-14 동영상의 URL을 입력하면 영상을 재생한다.

스페이스에서 비디오 인터랙션이 있는 ①오브젝트에 가까이 가면 왼쪽 아래에 ②비디오 미리 보기가 표시됩니다. 비디오를 클릭하거나 키보드의 X 키를 누르면 비디오를 크게 볼 수 있습니다.

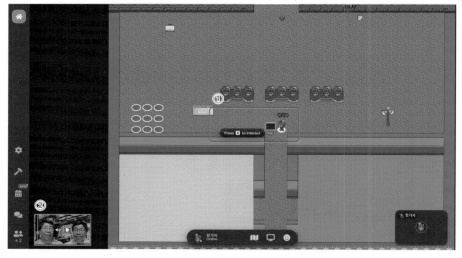

그림 14-15 비디오 인터랙션에 가까이 가면 미리 보기가 가능하다.

그림 14-16 게더타운에서 영상을 볼 때 영상을 빨리 감거나 하는 기능은 제공하지 않는다.

TIP

유튜브 영상의 URL은 보통 https://www.youtube.com/watch?v=M3..Lac&t=1s 와 같은 형식으로 되어 있습니다. 마지막에 있는 t=1s라고 된 것은 영상의 시작 시점입니다. 1s를 60으로 바꾸면 60초부터 시작합니다.

유튜브 등 원래 동영상 사이트에서 해당 영상을 비공개하면 동영상을 볼 수 없다고 나옵니다. 동영상이 비공개 상태인지 사전에 꼭 확인해야 합니다.

그림 14-17 원래 사이트에서 동영상을 비공개로 전환하면 게더타운에서도 볼 수 없다.

유튜브에서 동영상을 공개했는데도 안 보이는 경우가 있습니다. 이때는 해당 영상의 '퍼가기'를 허용하지 않아서 그렇습니다.

그림 14-18 영상이 공개되어 있어도 퍼가기 허용이 안 되면 게더타운에서 볼 수 없다.

유튜브의 퍼가기 허용은 해당 동영상 ①세부정보 페이지에서 맨 아래 자세히 보기를 클릭한 뒤 나오는 ②퍼가기 허용 체크박스를 체크해야 합니다.

그림 14-19 퍼가기 허용 체크는 해당 영상 세부정보의 자세히 보기에 있다.

External call: Zoom 등 외부 화상회의 툴 연결

External call은 외부 화상회의 툴을 연결하는 데 사용합니다. Call(URL)에 줌 회의실 주소 등을 입력하면 됩니다.

그림 14-20 간단하게 줌에 연결할 수 있다.

이때 게더타운 안에서 줌이 되는 것이 아니라 줌 주소로 안내만 합니다. 단, 비디오와 오디오 충돌을 막기 위해 게더타운의 비디오와 오디오 사용을 중지합니다. 줌에서 회의가 끝나고 다시 게더타운 탭으로 돌아오면 비디오와 오디오를 다시 사용할 수 있습니다.

그림 14-21 ZOOM 등으로 연결을 안내한다.

줌 회의 등을 완료한 뒤 게더타운 탭으로 돌아오면 Re-enter를 눌러 다시 스페이스로 들어갈 수 있습니다.

그림 14-22 게더타운 탭으로 돌아오면 재입장을 안내한다.

Note object: 스티커(포스트잇) 활성화

Note object는 포스트잇을 보여주는 기능입니다. 포스트잇에 보여줄 문장을 Message에 입력하면 됩니다.

그림 14-23 게더타운은 포스트잇 기능을 제공한다.

포스트잇은 화면 한가운데에 노란색 배경으로 보여집니다.

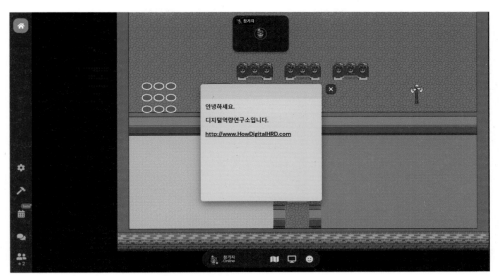

그림 14-24 포스트잇을 사용해서 여러 가지 안내를 할 수 있다.

> TIP
>
> Message 입력 칸이 한 줄이어서 키보드의 Enter 키를 쳐서 줄 바꿈을 할 수 없습니다. 줄 바꿈을 하려면 \r 또는 \n을 입력합니다. 빈 줄을 만들려면 \r\r을 입력합니다. 링크 주소는 자동으로 링크가 걸립니다.

인터랙션 고급 옵션

인터랙션을 적용할 때 Advanced options가 있습니다. 기본적인 항목은 다음과 같습니다.

- Prompt message: 해당 오브젝트에 가까이 갔을 때 나타나는 툴팁 메시지

- Object image: 오브젝트 이미지

- Active image: 캐릭터가 오브젝트 근처에 갔을 때 바뀌는 오브젝트 이미지

- Loading icon: 오브젝트가 로딩 중일 때 보여주는 이미지

- Display(start): 오브젝트가 룸에 나타나는 시점

- Display(end): 오브젝트가 룸에서 사라지는 시점

그림 14-25 오브젝트 고급 옵션에서 오브젝트 이미지를 바꿀 수 있다.

여기서 중요한 기능이 하나 있습니다. 바로 오브젝트를 보여주거나 사라지게 만드는 것을 자동화할 수 있는 기능입니다. 즉 Display(start)와 Display(end)를 이용하면 어떤 오브젝트를 어느 시간에 보였다가 안 보이게 할 수 있습니다. 예를 들어 방 탈출 게임을 만든다고 했을 때 힌트를 오브젝트에 넣어서 몇 시 몇 분에 보이게 하고 몇 시 몇 분에 사라지게 만들 수 있습니다.

Embedded image의 고급 옵션에는 Caption이 있습니다. 이미지 설명을 적는 곳입니다. Embedded video의 고급 옵션에는 Synchronized start time이 있습니다. 이것은 일정한 시간 이후에만 동영상이 재생될 수 있게 합니다. 즉 영상을 미리 재생할 수 없습니다.

게더타운 가격 체계와
비용 절감 방법

게더타운뿐 아니라 모든 서비스를 제대로 사용하려면 당연히 적정한 돈을 지불해야 합니다. 개인적으로 연습하거나 소규모 친목 모임을 할 때라면 무료로도 서비스를 이용할 수 있지만, 기업이나 기관은 정당한 대가를 치르고 사용하는 것이 맞습니다.

게더타운도 소규모 모임을 위해 무료로 서비스를 제공하고 있지만 보다 안정적인 서비스를 위해 프리미엄 버전을 안내하고 있습니다. 만약 중요한 행사나 교육이라면 유료 서비스를 사용하길 권합니다.

기본 가격 체계

게더타운은 최대 동시 접속자 25명까지는 무료로 시간 제한 없이 사용할 수 있습니다. 스페이스 제한이나 룸 제한도 없고 오브젝트도 무료로 얼마든지 배치할 수 있습니다. 아무나 들어올 수 없게 비밀번호를 적용하는 것도 가능합니다.

게더타운의 유료 버전은 프리미엄이라고 하며, 프리미엄의 가격은 동시접속자의 수와 사용 시간에 따라 달라집니다. 예를 들어 26명이 2시간 동안 동시 접속을 해야 한다면 2hours 버전을 사용하면 되고 가격은 26명×2$입니다. 26명이 하루 종일 이용한다면 Per day 버전을 사용하면 되고 가격은 26명×3$입니다. 한 달 동안 수시로 동시 접속을 한다면 Monthly 버전을 사용하면 되고 가격은 26명×7$입니다.

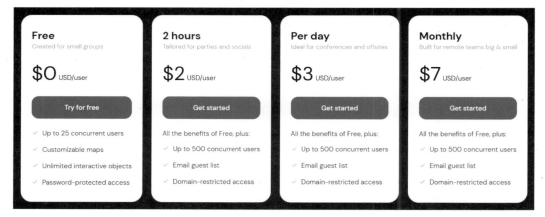

그림 15-1 게더타운 가격 체계

유료 버전의 장점

유료 버전은 동시 접속자 수를 최대 500명까지 가능케 합니다. 그런데 이것 외에 몇 가지 유료 버전의 특징이 있습니다.

첫째, 유료 버전은 프리미엄 서버를 사용합니다. 게더타운은 무료 버전이 사용하는 서버와 유료 버전이 사용하는 서버를 분리해 놓았습니다. 따라서 무료 서버는 사용자가 많으면 속도가 느려지거나 하는 현상이 생길 수 있습니다. 그러나 유료 버전은 동시 접속자 수에 따라 서버 성능을 보장하므로 속도가 느려지거나 하는 현상이 대폭 줄어듭니다. 즉 보다 안정적인 서비스를 받을 수 있습니다.

둘째, 보안 옵션이 추가됩니다. 유료 버전은 이메일 게스트 리스트와 도메인 제한 기능을 제공합니다. 이메일 게스트 리스트는 사전에 지정한 이메일로만 접속하게 하는 기능입니다. 특정한 사람들만 이메일로 초대할 때 사용하면 됩니다. 도메인 제한 기능은 이메일 끝에 있는 도메인 주소를 한정하는 것입니다. 예를 들어 *@wikibook.co.kr이라는 메일을 사용하는 직원만 접속하게 하려면 해당 이메일 끝에 있는 wikibook.co.kr 도메인을 등록하면 됩니다. 사내 직원용으로 사용할 때 좋습니다.

그림 15-2 유료 버전은 몇 가지 보안 옵션을 제공한다.

30% 할인 요청하기

게더타운의 유료 버전을 사용하려면 우선 할인 적용을 받는 것이 좋습니다. 교육이나 비영리 용도로 사용할 때는 30% 할인을 받을 수 있습니다. 할인을 받으려면 게더타운 홈페이지에서 ①Resources 메뉴의 ②Contact us를 클릭한 뒤 나오는 페이지에서 ③Contact our sales team을 클릭합니다.

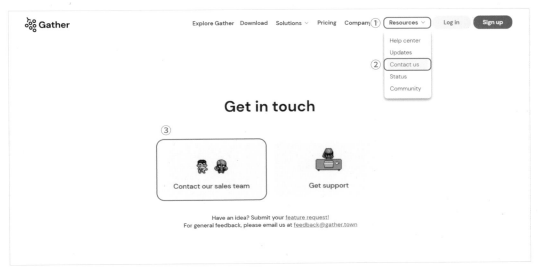

그림 15-3 게더타운은 교육이나 비영리 목적으로 유료 버전을 사용할 때는 30% 할인을 받을 수 있다.

Contact our sales team 페이지에서 할인을 요청하는 간단한 내용을 입력하고 발송하면 됩니다.

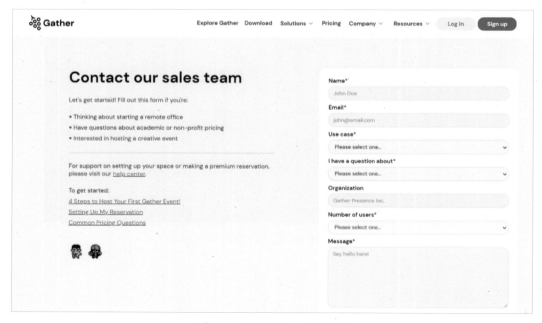

그림 15-4 간단한 내용으로 적으면 된다.

저는 직접 이메일을 보내서 할인 코드를 요청했습니다. 이메일 주소는 hello@gather.town이며 상황에 따라 메일이 전달되지 않을 수 있으니 홈페이지에서 폼에 입력하는 것도 병행하는 것이 좋습니다.

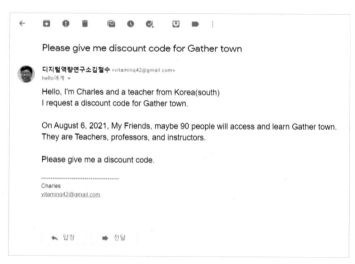

그림 15-5 번역기를 사용해 30% 할인 코드를 요청하는 메일을 보냈다.

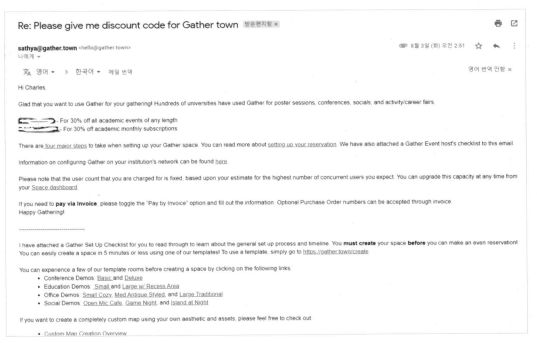

그림 15-6 다음 날 할인 코드와 함께 장문의 메일이 왔다.

효과적인 비용 설계

게더타운의 유료 버전 가격은 기본적으로 최대 동시 접속자에 비례합니다. 따라서 참가자 수가 몇 명인지와 관계없이 동시 접속자 수를 잘 계산해야 합니다. 예를 들어 가상 오피스를 만든다고 했을 때 직원이 100명이라고 해서 100명이 동시에 계속 접속하지는 않습니다. 만약 동시 접속자가 50%라고 한다면 50명×1개월 단위로 해도 됩니다. 만약 1년에 한두 번 100명이 모두 참가하는 행사가 2시간 있다면 그때만 100명×2시간으로 결제합니다.

한 달 단위로 결제를 했다면 여러 부서나 조직에서 스페이스를 재활용하는 것도 좋습니다. 예를 들어 한 학교에서 1학년 1반 교실만 만들 게 아니고 모든 교실을 별도 룸으로 개성 있게 만든 다음 100명×1개월 단위로 결제를 하면, 최대 여러 반이 돌아가면서 동시에 접속해서 사용할 수 있습니다.

동시 접속자가 30명이라고 해서 유료 버전을 쓸 필요는 없습니다. 무료 버전도 동시 접속자가 25명을 초과할 수 있습니다. 즉 무료 버전에서도 동시 접속자가 26명, 27명 되어도 계속 입장할 수 있습니다.

대신 속도가 점점 느려질 뿐입니다. 또 무료 서버가 꽉 차면 추가 접속을 제한하기도 합니다. 따라서 동시 접속자가 대략 25명 안팎이라고 예상할 경우에는 무료 버전을 쓰는 것도 나쁘지 않습니다.

TIP

유료 버전을 사용할 때는 최소한 이틀 전에 예약하고 결제해야 합니다. 게더타운은 미국 시각을 기준으로 업무를 하므로 여유를 갖고 예약하는 것이 좋습니다.

서비스 확인과
트러블 슈팅

지금까지 맵을 만들고 유료 버전으로 업그레이드하는 방법을 살펴봤습니다. 그런데 게더타운에서 스페이스를 만드는 것과 운영하는 것은 전혀 다른 이야기입니다. 운영을 하려면 맵을 만드는 것을 넘어서 다양한 지식과 정보가 필요합니다. 갑자기 게더타운이 서비스를 멈출 수도 있고, 없던 기능이 생기거나 있던 기능이 사라질 수도 있습니다. 참가자가 오류를 신고할 수도 있고, 비디오나 오디오가 나오지 않거나, 접속해서 어떻게 움직이는지 몰라 질문할 수도 있습니다.

이번 장에서는 운영자가 반드시 알아야 할 서비스 상태와 업데이트 내역을 확인하는 방법, 도움말과 가이드 문서, 주요 트러블 슈팅을 설명합니다. 또 집필일을 기준으로 몇 가지 베타 기능도 살펴보겠습니다. 사실 많은 내용은 게더타운 홈페이지에서 안내하므로 전문적인 운영을 하는 분이라면 게더타운 홈페이지를 꼭 참고하기 바랍니다.

서비스 상태 확인

게더타운은 서비스 상태를 실시간으로 알려주는 페이지를 운영하고 있습니다. 주소는 https://status.gather.town이며, 홈페이지 메뉴 중 Resources에서 Status를 클릭하면 상태 페이지로 이동할 수 있습니다.

상태 페이지에서 ①바코드처럼 보이는 것은 일별 서비스 상황입니다. 초록색은 정상 운영이 된 날이고 빨간색은 서버가 1회 이상 다운된 날입니다. 빨간색에 마우스를 가져다 대면 ②다운된 시각이 나옵니다. 그 아래에는 서비스 상태와 관련된 ③공지가 있으며 ④트위터로 중계하므로 트위터 사용자라면 팔로우해서 내용을 실시간으로 받을 수 있습니다.

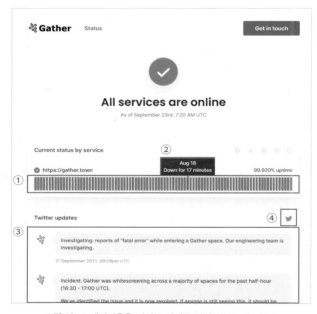

그림 16-1 게더타운은 서비스 상태를 실시간으로 제공한다.

> **TIP**
>
> 상태 페이지 맨 아래에는 메일 구독 신청이 있습니다. 게더타운 운영이 잦다면 메일로 상태를 구독하는 것이 좋습니다.

업데이트 내역 확인

게더타운은 업데이트 내역을 실시간으로 알려주는 페이지를 운영하고 있습니다. 주소는 https://feedback.gather.town/changelog이며, 홈페이지 메뉴 중 Resources에서 Updates를 클릭하면 됩니다. 업데이트를 다른 말로 체인지 로그, 또는 릴리즈 노트라고 합니다. 메뉴는 보통 새 소식(New), 기능 개선(Improved), 오류 해결(Fixed)로 나뉩니다. 주제별로는 맵 메이커, 아바타, 대시보드, 세팅으로 나누어 제공합니다.

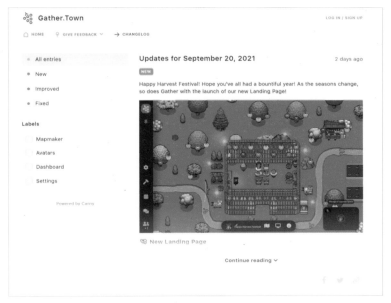

그림 16-2 게더타운은 블로그 형식으로 업데이트 내역을 제공한다.

업데이트는 매달 2회 정도 올라오므로 게더타운 운영 역할을 맡았다면 운영 전날에 접속해서 확인하는 것이 좋습니다. 영어로 올라오지만 브라우저의 번역기를 사용해 한글로 번역해서 봐도 됩니다.

> **TIP**
>
> 게더타운 업데이트는 주말 연휴 다음날 미국 영업일 오전에 됩니다. 우리와 13시간 시차가 나므로 한국 시간으로는 밤입니다.

도움말과 가이드 문서

게더타운은 서비스 이용에 대한 전반적인 가이드 페이지를 운영하고 있습니다. 주소는 https://support.gather.town/help이며, 홈페이지 메뉴 중 Resources에서 Help center를 클릭하면 됩니다. 도움말 검색이 가능하며 주요 주제별, 인기 문서별, 새 문서별 등으로 다양한 방식으로 도움말이 구성돼 있습니다. 게더타운을 이용하다가 문제가 있거나 잘 모르는 것이 있으면 이 페이지에서 찾으면 됩니다.

그림 16-3 도움말이 잘 구성돼 있다.

주요 트러블 슈팅

비디오나 오디오가 안 된다면?

1. 브라우저를 새로 고침 합니다.

2. 크롬 브라우저로 접속해 봅니다.

3. 브라우저 설정에서 비디오 오디오 설정과 사용 여부를 확인합니다.

4. 다른 앱이 카메라와 마이크를 사용하고 있는지 확인합니다.

5. 카메라를 막거나 가렸는지 확인합니다.

6. 스피커 볼륨을 높여 봅니다.

7. 비디오/오디오를 제어하는 브라우저 확장 프로그램이 있는지 확인합니다.

8. 보안 프로그램을 확인합니다.

9. 다른 앱에서 비디오와 오디오가 작동하는지 확인합니다.

스페이스에 접속했는데 화면이 까맣거나 하얗게 나온다면?

1. 브라우저를 새로 고침 합니다.

2. Shift + F5를 눌러 새로 고침 합니다.

3. 맵 메이커로 접속해서 배경이 있는지, 제대로 배치됐는지 확인합니다.

4. 다른 사이트에 접속해 이미지가 제대로 보이는지 확인합니다.

5. 내 IP가 해당 스페이스에 접속 불가(Banned) 됐는지 스페이스 운영자에게 확인합니다.

VPN으로 접속할 수 없다면?

1. VPN을 비활성화합니다.

2. VPN 서비스 제공자에게 접속 가능 여부를 문의합니다.

3. VPN 허용 목록에 *.gather.town을 추가합니다. 포트 번호는 80이나 443을 씁니다.

베타 기능 미리 보기

베타 기능을 미리 써 보려면 스페이스 대시보드에서 ①Space Preferences의 ②Beta features를 활성화하면 됩니다.

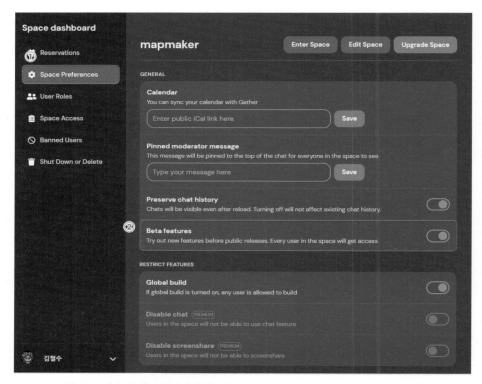

그림 16-4 베타 기능은 오류가 많기 때문에 개인적으로 미리 체험해 볼 때 사용하는 것이 좋다.

> **TIP**
>
> 베타 기능은 불안정하므로 꼭 필요한 경우에만 사용하는 것이 좋습니다. 베타 기능이 정식 기능이 된 후에 사용하는 것을 추천합니다.

배타 기능 중에 사용해 볼 만한 것은 맵 메이커 확장 설정입니다. 베타 기능을 활성화하면 맵 메이커에서 ①≡를 누르면 나오는 메뉴에 ②Extension Settings가 나타납니다. 이를 클릭하면 ③Extensions 패널이 나타나며 Doors 등 여러 베타 기능을 사용할 수 있습니다. 각 기능마다 ④Activate Extension 버튼을 눌러 활성화하고 ⑤Apply changes 버튼을 눌러야 사용할 수 있습니다.

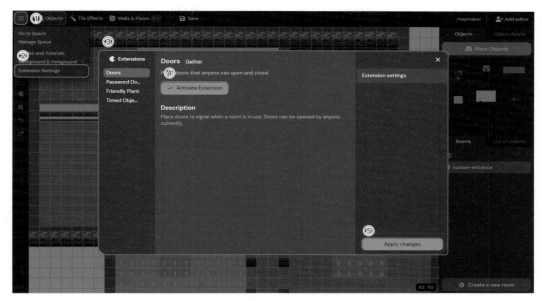

그림 16-5 베타 기능을 각각 활성화해야 사용할 수 있다.

주요 확장 기능은 다음과 같습니다.

- Doors: 누구나 여닫을 수 있는 문

- Password Doors: 비밀번호를 입력해야 열리는 문

- Friendly Plant: 물을 주면 자라는 식물

- Timed Objects: 하루 중 특정 시각에 다른 이미지로 바뀌는 오브젝트

확장 기능을 활성화하고 적용하면, 오브젝트 선택 화면에서 왼쪽 카테고리 아래에 Doors, Password Doors 등 확장 오브젝트 카테고리가 나타납니다. 해당 카테고리를 클릭해서 해당 오브젝트를 사용할 수 있습니다.

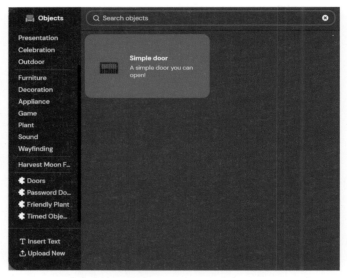

그림 16-6 확장 기능을 활성화하면 오브젝트 카테고리에 해당 카테고리가 추가된다.

TIP

방 탈출 등을 할 때는 Password Doors를 사용하면 좋습니다.

국내
게더타운 선도자들의
생각은?

게더타운을 누구보다 먼저 시작한 사람들이 있습니다. 그들은 메타버스를 어떻게 생각하고 어떻게 활용하고 있을까요? 실제로 맵을 만들고 운영을 하면서 어떤 경험을 했을까요? 그 과정에서 어떤 것을 배웠을까요? 우리는 게더타운 선도자를 수소문해서 인터뷰했습니다. 그들의 경험과 생각을 들어보겠습니다.

"게더타운으로만 교육하려는 곳 늘어"
전재현 JJ크리에이티브 교육연구소장

간단히 자기소개 부탁합니다.

안녕하세요. 저는 JJ크리에이티브 교육연구소의 전재현 소장이라고 합니다. 저희 연구소는 일반 기업을 대상으로 교육 프로그램들을 직접 개발하고 운영도 하고 있습니다. 특히 저희 교육연구소는 차별화된 게임화 방식의 교육프로그램으로 "Fun + Edu" 문화를 선도합니다. 교육에 대한 흥미로운 접근과 실무에 응용할 수 있는 깊이 있는 내용으로 프로그램을 구성하며, 게이미피케이션, 리더십, 문제해결, 퍼실리테이션 등 다양한 교육을 수행하고 있습니다.

게더타운으로 무엇을 하고 있나요?

방 탈출 프로그램을 게더타운에 만들어서 운영하고 있습니다. 방 탈출 프로그램이 요즘 미디어를 통해 많이 노출됐으니 대략 개념은 알고 계시리라 생각합니다. 방 탈출 프로그램은 참가자에게 공통의 미션과 목표를 제공하고 그에 따라 역할을 정해 주어진 임무를 수행합니다. 수행이 끝나고 나서 피드백을 실시하고 성찰 토의를 통해 느끼는 바를 공유합니다. 일종의 팀 빌딩 프로그램인 것이죠. 이런 프로그램도 게더타운에서 운영이 가능합니다.

방 탈출 프로그램 진행 모습

맵을 처음부터 직접 다 만드시나요?

아뇨, 그것을 모두 처음부터 만들 수는 없죠. 기존에 만들어 놓은 게더타운 맵에서 고객사의 요청에 따라 커스터마이징을 하고 교육도 진행하고 있습니다. 보통 고객사에서는 정해진 맵 위에 회사 로고나 현수막 등의 추가를 요청하기 때문에 그에 맞춰 제공해드리고 있습니다.

게더타운에서 교육 운영은 어떻게 하나요?

교육생의 메타버스에 대한 이해 정도에 따라 조금 다르게 적용합니다. PC를 잘 활용하지 못하고 게더타운을 처음 접하는 교육생이 많을 경우, 메타버스에 대한 이해도를 높이고 경험을 해볼 시간을 확보해야 합니다. 그래서 강의 전에 1시간 정도를 추가합니다. 교육 시간의 경우 고객사의 요청이나 커리큘럼에 따라 조금씩 달라지는데, 저희 연구소에서 운영하는 방 탈출 게임의 경우 4시간 정도 소요됩니다.

컴퓨터 사용 능력이나 메타버스의 이해 정도에 따라 조금씩 차이가 날 수밖에 없습니다. 나이가 많으신 분 중에서도 PC를 많이 다루는 사무직 분들은 전혀 어려움이 없습니다. 반면에 현장직처럼 PC를 잘 다루지 않는 분들은 따라오는 데에 어려움이 있습니다. 이와 같은 경우 젊은 분들과 연배가 있는 분들을 한 팀으로 미리 묶고, 각 팀의 리더에게 가장 중요한 역할로 팀원을 통솔하는 역할을 주는 방식으로 관리하고 있습니다. 이렇게 진행했을 때 현재까지 낙오자가 발생하진 않았습니다.

예를 들어 방 탈출 프로그램에서 운영하는 방의 개수는 14개 정도 됩니다. 우리가 생각하기에 이와 같은 방을 포털(portal)로 이리저리 왔다 갔다 하다 보면 낙오자가 분명 생길 수 있겠죠? 하지만 리더에게 맡겨 두면 그래도 잘 따라오시더라고요.

J대학 게더타운 모임에서 리더를 선정하는 장면

맵 만드는 팁이 있다면?

우리가 집을 짓는다고 생각할 때 디테일한 설계는 필수이겠죠? 저도 게더타운을 처음 접했을 때 이것 저것 만지며 했는데, 그러다 보니 맵을 지우고 다시 만들고를 여러 번 반복했죠. 너무 힘들었어요. 그래서 그 이후에는 격자무늬가 있는 모눈종이에다가 먼저 바탕화면을 직접 그립니다. 그러면서 바닥은 무엇으로 할지 벽은 어떤 느낌으로 할지 정합니다. 종이로 하는 설계 작업이 정말 중요합니다.

백그라운드 이미지를 담고 난 뒤 맵 메이커 상에서 벽과 바닥을 적용하면 이미지가 다 날아갑니다. 그래서 백그라운드 이미지를 쓸 것인지, 맵 메이커의 벽과 바닥 기능만 쓸 것인지 정해야 합니다. 많은 분이 놓치고 있는데, 잊지 마세요. 둘 중 하나만 쓸 수 있어요!

게더타운은 다른 툴과 무엇이 다른가요?

기업이 실질적인 워크숍이나 상호작용을 활성화하는 데에는 현존하는 메타버스 플랫폼 중 게더타운이 가장 효과적입니다. 특히 현재 기업교육이나 비대면 회의에서 자주 활용하는 줌보다는, 게더타운이 상호작용 효과가 더 크다고 생각해요.

더불어 게더타운은 캐릭터가 있고 이동이 가능한 공간으로 구성돼 있어요. 상호작용이 가능한 공간과 나를 상징하는 캐릭터가 있는 게더타운은 아무래도 줌보다 훨씬 더 다이나믹하고 실제 대면 교육인 것과 같은 느낌을 줍니다.

줌에서 강의를 듣다 보면 교육생들의 피드백을 접할 수 있는데요. 피곤하고 지친다는 의견을 종종 들었습니다. 그러나 게더타운에서 강의를 진행할 때 교육생은 본인의 캐릭터를 직접 움직이고 정해진 공간 속에서 상호작용하고 교류를 할 수 있습니다. 이러한 부분 때문에 좀 더 몰입할 수 있고 그에 따른 피로도도 낮게 나타나는 듯합니다.

단순하게 강의만 하는 측면에서 바라본다면 줌이 훨씬 편합니다. 학습자도 줌에 익숙하고, 강사도 강의 준비하는 데에 크게 어려움이 없거든요. 하지만 게더타운은 뭔가 준비만 하려 해도 엄청 손이 많이 갑니다. 반복 작업도 많고, 고려해야 할 것도 많고. 처음에 게더타운을 접했을 때는 참 즐거웠는데 이제 게더타운으로 무언가 만들기가 너무 힘들고 지칩니다. 사전에 확인해야 할 것도 많고 공간 작업도 해야 할 게 참 많죠. 그러다 보니 일반 강의보다 높게 강사료를 책정할 수밖에 없어요. 공수가 많이 들어가니까요.

줌으로 8시간 준비할 강의를 게더타운으로 옮기면 40시간 넘게 준비를 해야 하는 게 현실이지요. 기존의 맵을 활용하더라도 업체 요청에 따라 현수막이나 로고 하나만 추가하더라도 일일이 세팅해야 하니까 쉽지 않습니다. 그렇다고 허투루 만들 수도 없는 노릇이니까요. 그래서 저는 게더타운을 배우려고 하는 분에게 자주 이야기 드리는데, 그냥 강의하고 소회의실 한두 번 쓰실 거면 줌 쓰라고 말씀드립니다.

게더타운은 앞으로 어떻게 될까요?

범용성이 있는 메타버스 플랫폼이 나오더라도 당분간은 게더타운을 능가하기는 힘듭니다. 그 이유로는 선점 효과 때문인데요. 메타버스에 대한 요구가 늘어나서 사람들이 많이 쓰고 있다고 하지만 아직 게더타운도 초기 단계입니다. 다만 현재 이슈가 되고 있는 '핫'한 프로그램이다 보니 기업에서도 타 플랫폼에 비해 관심이 있습니다. 심지어 최근에 제가 강의한 몇몇 기업은 앞으로 게더타운으로만 교육을 하겠다는 곳도 있습니다.

게더타운이 아직 초기이다 보니 제게 연락주신 기업교육 담당자님들의 반응도 비슷한데요. 메타버스와 게더타운이 근래 인기인 점은 알겠는데 도대체 어떻게 구현이 되는지 도저히 모르겠다고 하소연하세요. 그래서 게더타운을 한번 보여 달라고 말씀하시는 경우가 참 많죠. 그래서 매일 저녁 강의를 마치고 한 시간씩 실제로 시연을 합니다. 그렇게 둘러보고 나시면 담당자님도 조금 안심하시더라고요.

게다가 직접 교육에 적용해 보고 운영까지 해 보니 줌보다 반응도 좋고 사람들의 참여도 좋으니, 담당자분들의 만족도도 높게 나타납니다. 제 생각에 게더타운을 활용한 강의는 앞으로 더 많아질 것입니다.

"교육 기획자의 의도를 담을 수 있는 플랫폼"
정석훈 LG CNS 경영교육팀 선임

간단히 자기소개 부탁합니다.

안녕하세요. LG CNS 경영교육팀에서 조직의 성장을 돕는 조직개발 프로그램(Organization Development)과 직원 커리어개발(Career Development) 업무를 담당하고 있는 정석훈이라고 합니다.

게더타운을 어떻게 알게 됐고, 처음 본 느낌은 어땠나요?

2021년 들어와서 게더타운에 대한 반응이 굉장히 뜨거웠는데, 처음에 저는 사실 크게 관심을 두지 않았습니다. 게더타운을 처음 봤을 때 그래픽이 제 스타일이 아니었습니다. 그런데 직접 해보니 완전히 느낌이 다르고, 그 안에서 플레이하는 경험은 밖에서 볼 때와는 완전 딴판이었습니다. 지금은 게더타운 마니아가 됐습니다.

게더타운은 다른 툴과 무엇이 다른가요?

저는 게더타운의 가장 큰 장점은 확장성이라고 생각합니다. 일단 맵 자체를 사용자가 디자인하기가 쉽습니다. 교육과정을 기획할 때, 기획자의 의도를 충분히 담을 수 있는 플랫폼이라는 의미입니다. PPT, 영상, 링크와의 연계가 가능해서 언택트 러닝에 최적화된 툴이라는 생각이 들어요. 가까이 가면 다른 사용자와 대화가 가능하다는 점과 프라이빗 공간을 잘 활용하면 교육 기획자 입장에서 각 공간에서 진행되고 있는 상황을 쉽게 확인할 수 있다는 점도 장점입니다.

게더타운으로 무엇을 했고, 무엇을 계획하고 있나요?

저는 현재 온라인 과정에 게더타운을 적용했습니다. 몇 번 시행착오와 버전 업을 통해서 언택트 상황에 최적화된 방법을 찾아가고 있어요. 선택식 전문가 세미나나 미션 메타버스 활동, 자아 성찰(Self-Reflection) 등의 모듈을 각각 기획해서 진행했고, 반응이 굉장히 뜨거웠습니다.

자아 성찰을 위한 산책길을 만들었다.

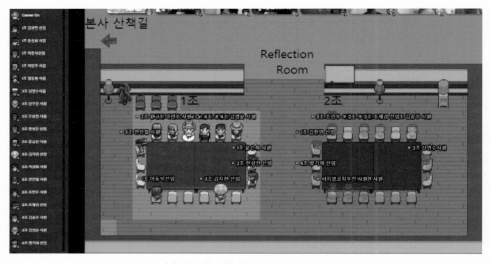

과정 마무리를 위한 원탁 토의장을 만들었다.

게더타운은 앞으로 어떻게 될까요?

지금도 수많은 분이 신박한 활용 방법을 만들어내고 있습니다. 그런 노하우가 쌓이면서 더 시너지를 만들지 않을까 합니다. 어떤 분들은 오징어 게임의 '무궁화꽃이 피었습니다'를 팀빌딩으로 구현하시던데, 이런 창의적인 아이디어가 쌓이면서 더욱 시너지가 날 것 같습니다.

게더타운 초보자에게 팁을 준다면?

게더타운으로 모든 것을 해야 한다는 생각을 버리면 좋겠습니다. 저는 줌과 게더타운을 함께 활용하는데요. 결국 기획자의 목적에 따라 그에 맞는 툴을 적절히 사용하는 것이 가장 중요하다고 생각해요.

또한 처음에 어떻게 시작해야 할지 몰라서 망설이는 분이 있다면 먼저 도전해 보기 바랍니다. 처음 진입장벽이 높아 보이지만 막상 해보고 손에 익으면 심시티를 하는 것 같기도 하고, 그 공간의 창조자가 된 것 같은 뿌듯함도 덩달아 경험할 수 있습니다.

기타 하고 싶은 말이 있다면?

저는 메타버스의 도입 자체보다 활용에 집중하라고 말씀드리고 싶어요. 당연히 처음에는 도입이 목적이겠지만, 이를 통해서 내가 무엇을 하고 싶은지, 어떤 어려움을 메타버스로 해결할 수 있을지를 고민하고 그에 맞춰 활용 방안을 생각해보면 좋은 결과가 생기리라 생각합니다.

게더타운
개발 실전 사례

사이버 교실 만들기
무작정 따라하기

지금까지 게더타운 개념과 사용법, 맵 만들기와 운영 방법을 알려드렸습니다. 그런데 막상 나만의 게더타운을 만들려고 게더타운에 접속하면 사실 좀 막막합니다. 파워포인트 기능은 배웠지만 정작 보고서는 못 쓰는 상황과 비슷합니다. 엑셀 수식은 배웠지만 데이터 분석은 못 하는 상황과 비슷합니다.

그래서 이번 장에서는 나만의 사이버 교실을 무작정 따라하면서 만들어 보겠습니다. 하나하나 차근차근 따라하다 보면 어느새 나만의 사이버 교실이 만들어질 것입니다.

이번 장에서 만들 교실은 다음과 같습니다.

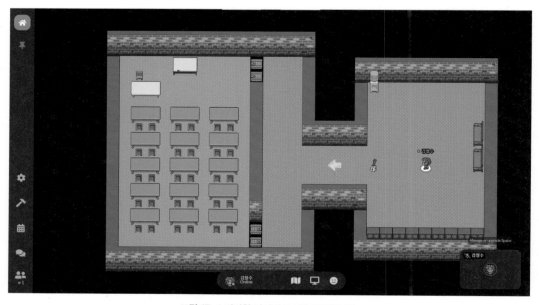

그림 17-1 간단한 사이버 교실을 만들어보자.

엑셀에서 윤곽 만들기

게더타운에서 사이버 교실을 만드는데 왜 뜬금없이 엑셀이냐고 의아할 것입니다. 사실 게더타운에서 바로 월앤플로어를 사용하는 것보다는, 우리에게 익숙한 엑셀에서 기본적인 윤곽을 만들고 시작하는 것이 좋습니다. 일종의 설계도를 미리 엑셀에서 만든 다음 게더타운에서 실제 집을 짓는 것입니다.

일단 엑셀을 실행해서 새 통합 문서를 하나 만듭니다. Ctrl + A 단축키를 눌러 시트 전체를 선택한 다음 A열과 B열 사이를 클릭해서 좌우로 조금씩 움직입니다. 그러면 마우스 커서 바로 위에 툴팁으로 너비를 보여줍니다. 너비 끝에 괄호 안에 픽셀이 나옵니다. 이 픽셀값이 32가 되도록 드래그한 다음 마우스 버튼을 놓으면 열 너비가 모두 32픽셀이 됩니다. 마찬가지로 행 높이도 모두 픽셀값이 32가 되도록 조정합니다.

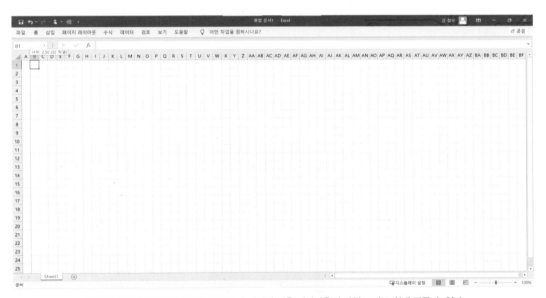

그림 17-2 열 너비와 행 높이를 조절하면 엑셀의 셀을 게더타운의 타일 크기로 쉽게 만들 수 있다.

이제 메인 교실을 적절한 크기로 선택해야 합니다. 이때는 무작정 교실 크기를 정하는 것보다는 학생들이 사용할 책상 개수를 먼저 계산하는 것이 좋습니다. 즉 책상이 가로로 6개, 세로로 5개라면 이를 적당한 위치에 그립니다. 한 개를 먼저 그리고 셀을 복사해서 붙여넣기 하면 쉽습니다.

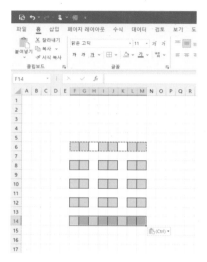

그림 17-3 셀 배경과 테두리를 적용한 뒤 복사해서 붙여넣으면 된다.

이제 단상과 선생님 자리, 그리고 벽을 그립니다. 필요하면 색을 달리하고 셀을 병합하여 용도를 글로 씁니다. 이때 가로 벽은 두 타일을 차지하므로 엑셀에서도 두 셀로 칠합니다. 복도로 향하는 문이 필요하므로 문 자리는 비워 둡니다.

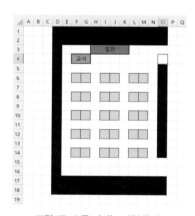

그림 17-4 문 자리는 비워 둔다.

이제 복도를 만들고, 학생들이 스폰할 자리를 위한 작은 로비도 만듭니다. 로비에는 간단한 식수대나 잠시 쉬는 소파도 적절히 배치합니다.

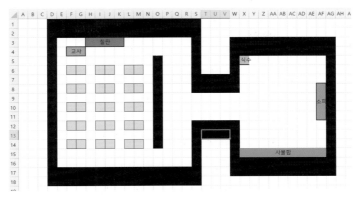

그림 17-5 교실 오른쪽으로 로비를 만들면 자연스럽게 교실로 입장할 수 있다.

맵 메이커에서 바닥과 벽 만들기

대강의 윤곽을 만들었으면 이제 게더타운에 접속해서 스페이스 만들기 페이지(https://gather.town/create)로 이동합니다. 여기서 ①Start from blank 버튼을 눌러서 ②Blank를 선택하고 ③세부 내용을 입력한 다음 ④Open Mapmaker 버튼을 클릭해 맵 메이커로 이동합니다.

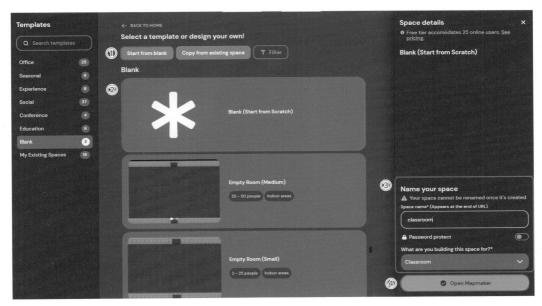

그림 17-6 블랭크 스페이스를 만든다.

맵 메이커에서 Wall & Floors 메뉴를 클릭한 다음 ①Walls 메뉴를 선택하고 적절한 ②벽을 선택해서 엑셀 윤곽과 똑같이 ③벽을 그립니다.

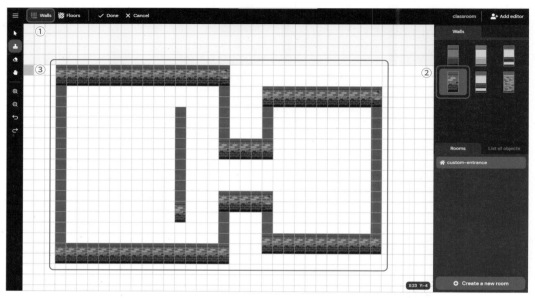

그림 17-7 엑셀 셀 수와 게더타운 타일 수를 똑같이 적용하면 된다.

> **TIP**
>
> 캔버스 오른쪽 아래에 XY 좌표를 참조하면 된다. 이때 벽은 세로로 두 칸을 차지하므로 맨 아래에 있는 벽의 타일을 선택할 때는 엑셀의 행 값보다 하나 적게 선택해야 한다. 예를 들어 엑셀에서 18행까지 벽이 있으면 게더타운에서는 Y 좌표를 17에서 멈춰야 한다.

벽을 어느 정도 완성했으면 이제 ①Floors 메뉴를 눌러서 적절한 ②바닥을 선택하고 ③교실과 ④복도를 다른 바닥 색깔과 무늬로 구별되게 칠한다. 문이 있는 곳은 어차피 오브젝트에서 문을 넣어야 하므로 비워 두면 된다. 다 했으면 ⑤Done을 눌러 저장한다.

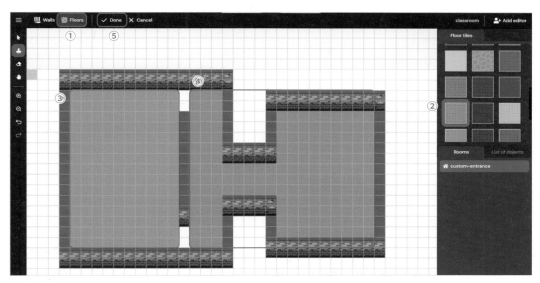

그림 17-8 반드시 Done을 눌러야 저장이 된다.

타일 이펙트 적용하기

이제 타일 이펙트를 적용해 보겠습니다. ①Tile Effects 메뉴를 선택한 뒤 가장 먼저 해야 할 것은 당연히 벽을 통과하지 못하게 Impassable 이펙트를 적용하는 것입니다. ②Impassable을 선택하면 자동으로 도구는 ③스탬프 모드로 바뀝니다. ④캔버스에서 드래그하면서 벽을 모두 Impassable로 칠합니다.

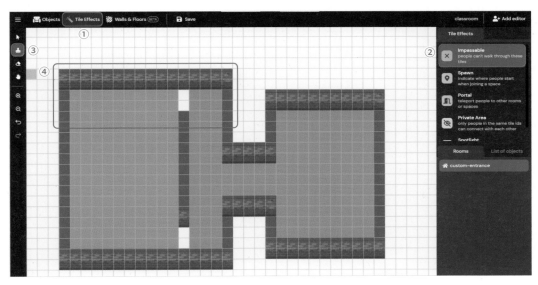

그림 17-9 벽을 Impassable 타일로 칠한다.

이제 Spawn 타일을 적용해야 합니다. 학생들이 이 룸에 접속했을 때 처음 배치될 자리입니다. ① Spawn 타일을 선택하고 ②로비에 듬성듬성 Spawn 타일을 칠합니다. 엑셀 윤곽을 같이 보면서 소파나 사물함 등에 칠하지 않도록 주의합니다. 마지막으로 지우개 도구를 사용해서 왼쪽 위 ③기본 타일을 지워야 합니다.

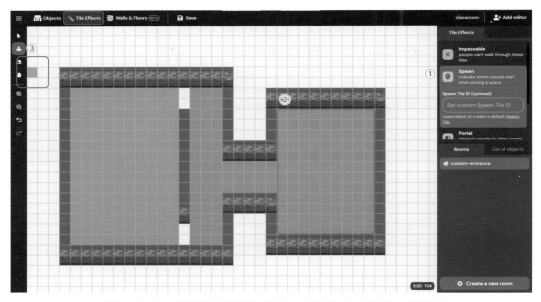

그림 17-10 스폰 타일은 듬성듬성 칠하는 것이 좋다. 왼쪽 위 기본 타일은 꼭 지워야 한다.

이제 교실에서는 거리가 멀어도 서로 대화할 수 있도록 프라이빗 에어리어 타일을 칠해야 합니다. ① Private Area 타일을 선택하고 ②Area ID에 숫자 1을 입력한 뒤 ③교실 바닥을 모두 칠합니다. 로비는 가까이 있는 사람과만 대화할 수 있도록 그냥 둡니다. 다 했으면 ④Save를 꼭 클릭합니다.

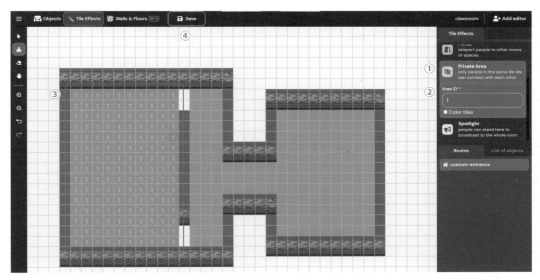

그림 17-11 교실 바닥을 모두 같은 Area ID로 칠해야 거리가 멀어도 서로 화상회의를 할 수 있다.

오브젝트 배치하기

이제 오브젝트를 배치하겠습니다. ①Objects 메뉴를 클릭한 다음 ②Objects 패널에서 More Objects를 선택합니다. 오브젝트 피커 패널에서 검색창에 ③table을 입력한 뒤 ④1x2 테이블을 클릭하고 ⑤ Select 버튼을 누릅니다.

그림 17-12 여러 크기의 테이블이 있으니 적절한 테이블을 선택한다.

엑셀 윤곽을 보면서 정확한 위치에 책상을 배치합니다.

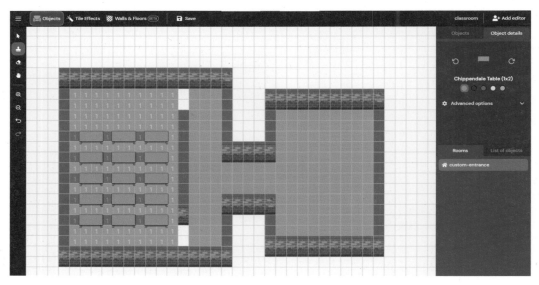

그림 17–13 엑셀 윤곽을 보면서 똑같이 배치한다.

이제 의자, 교사, 책상, 칠판, 식수, 사물함, 소파, 문 등을 하나씩 배치합니다. 이때 문은 한두 가지밖에 없어서 적절한 것을 찾을 수 없습니다. 이때는 문과 비슷하게 생긴 오브젝트를 찾아 적용해야 합니다.

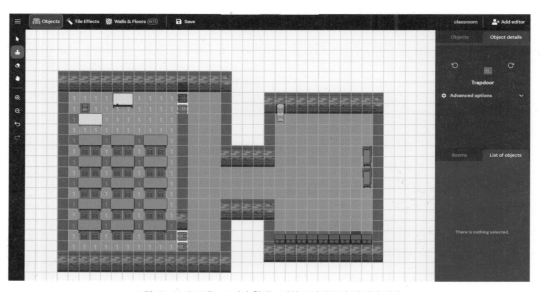

그림 17–14 오브젝트 크기가 원하는 타일 크기만큼 안 될 때가 있다.

상호작용 만들기

마지막으로 복도에 화살표를 만들어서 근처에 오면 수업 시간표를 보여주는 간단한 상호작용을 만들어 보겠습니다. 우선 오브젝트 피커를 열어서 ①Wayfinding 카테고리를 선택합니다. 적절한 ②Arrow 오브젝트를 선택한 뒤 ③Object Details에서 원하는 방향으로 변경합니다. ④Object Interactions에서 Note object를 선택한 다음 Message에 간단한 시간표를 입력하고 Activation distance에는 2를 입력한 뒤 ⑤Select를 클릭합니다.

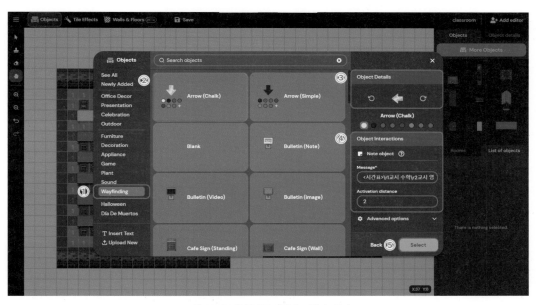

그림 17-15 화살표를 바닥에 그릴 수 있다.

오브젝트를 복도 가운데에 ①배치하고 나서 ②Save를 눌러 저장합니다. 이어서 ③≡를 클릭한 뒤 나오는 메뉴 중에서 Go to Space를 선택해 해당 스페이스로 입장합니다.

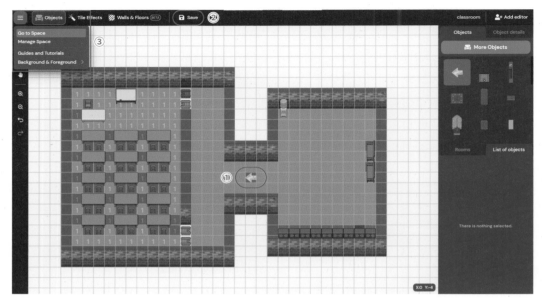

그림 17-16 수정 후에는 꼭 Save를 눌러야 한다.

이제 스페이스에 입장해서 화살표 근처에 가면 상호작용이 가능하고 X 키를 누르면 시간표가 보입니다.

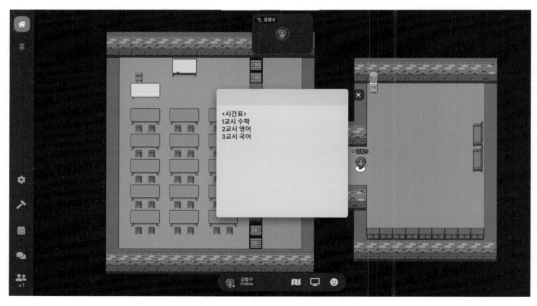

그림 17-17 포스트잇에 시간표가 나타난다.

지금까지 간단히 사이버 교실을 만들어 봤습니다. 무작정 따라 하면 그리 어렵지 않습니다. 일단 이렇게 한번 따라 해 보고 이제부터는 내가 원하는 것을 엑셀에서 설계하고 바닥, 벽, 타일, 오브젝트, 상호 작용 순으로 만들면 됩니다.

게더타운
공식 사례(익스플로어) 탐방

게더타운은 2021년 9월에 익스플로어^{Explore}라는 페이지를 오픈했습니다. 게더타운 사용자가 자기가 직접 만든 맵을 오픈하고 응모하면 게더타운에서 심사하여 공유하는 페이지입니다. 이곳에 올라온 다양한 스페이스를 분석하면 내게 필요한 스페이스 아이디어나 개발 방법 등을 쉽게 얻을 수 있습니다. 여기서는 간단히 몇 가지 익스플로어를 분석해 보겠습니다.

게더타운 익스플로어 접속하기

익스플로어는 게더타운에 홈페이지 메뉴에서도 접속할 수 있고, 로그인하고 나면 바로 보이는 앱 화면(https://gather.town/app)에서도 접속할 수 있습니다. 익스플로어의 카테고리는 게더타운만의 새로운 경험을 할 수 있는 Experiences, 가상의 사무실이나 쇼핑몰 등의 Community Spaces, 특정한 목적의 행사나 미팅을 위한 Events로 나뉩니다.

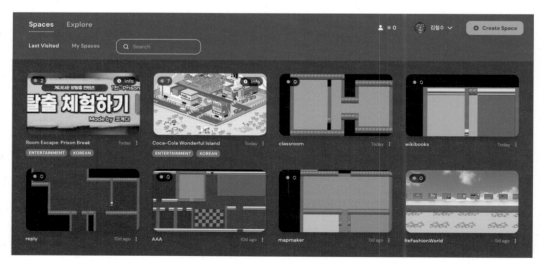

그림 18-1 게더타운 익스플로어 페이지

여기서는 최근에 올라온 몇 가지를 분석해 보겠습니다.

Coca-Cola Wonderful Island

코카콜라 코리아가 만든 원더풀 아일랜드는 한글로 돼 있습니다. 이 스페이스에 입장하면 푸른 바다가 아래에 있고 너른 백사장에 스폰됩니다. 바다로는 갈 수 없게 만들었는데, 이런 식으로 처음 스폰을 했을 때 시원시원한 배경을 보여주고 일방향으로만 움직이게 하는 것이 좋습니다. 그래야 처음 입장하는 사람도 혼돈 없이 여정을 시작할 수 있습니다. 인사말은 직접 만든 깃발 오브젝트에 이미지를 추가하여 미리 보기로 나오는 이미지입니다.

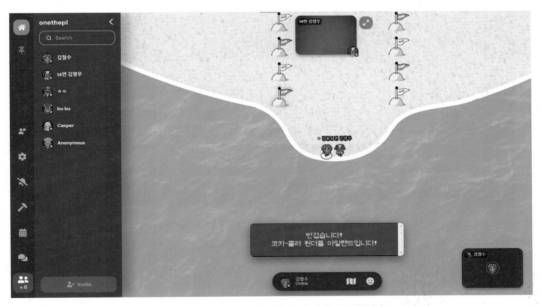

그림 18-2 바다로는 못 가고 육지로 올라가도록 만들었다.

깃발 오브젝트마다 미리 보기 이미지를 다르게 보여줍니다. 더불어 이미지를 임베드할 때 Prompt message에 설명을 추가함으로써 더 확실히 안내하고 있습니다.

그림 18-3 Prompt message에 문구를 담아 툴팁처럼 보여준다.

Prompt message는 ①Object Interactions의 ②Advanced options에 있습니다.

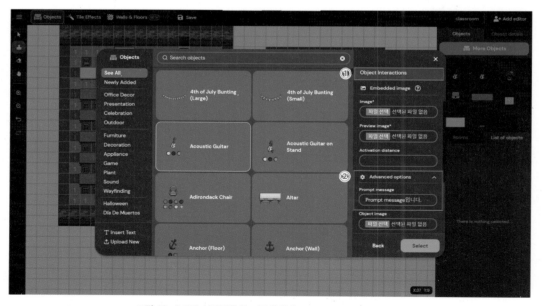

그림 18-4 모든 상호작용의 고급 옵션에 Prompt message가 있다.

위로 계속 올라가면 방명록을 남길 수 있는 오브젝트가 있습니다.

그림 18-5 키오스크처럼 생긴 오브젝트에서 방명록을 남길 수 있다.

방명록은 패들릿을 연결했습니다.

그림 18-6 방명록은 패들릿을 연결했다.

컨트롤 패널에서 미니맵을 눌러보면 전체 맵을 볼 수 있습니다. 딱 봐도 꽤 큰 스페이스입니다. 이런 맵은 월앤플로어에서는 만들 수 없습니다. 따로 전문 디자이너가 오브젝트까지 다 디자인해서 배경 이미지로 올린 것입니다.

그림 18-7 스페이스가 굉장히 크다. 이런 것은 배경 이미지로 한 번에 올려야 한다.

무척 재밌는 효과가 있습니다. 노란 줄을 따라 위로 올라가는 듯한 효과를 구현했습니다. 실제로 일단 노란 줄을 잡고 올라가면 왼쪽이나 오른쪽으로는 못 갑니다. 이것은 노란 줄 양옆에 Impassable 타일을 적용한 것입니다. 즉 Impassable 타일을 적용해서 한 방향으로만 이동하게 하는 것입니다.

그림 18-8 줄을 타고 위로 올라간다.

그림 18-9 벌룬의 중간까지 올라갈 수 있다. 밑으로 떨어지지 않게 하기 위해 벌룬 중간에 Impassable 타일을 깔았다.

코카콜라 팩토리로 들어가면 패트병이 재활용되는 공정을 따라가면서 볼 수 있다.

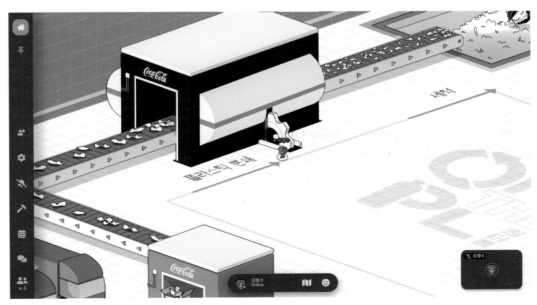

그림 18-10 마치 현장에서 투어 하는 듯한 효과를 낼 수 있다.

코카콜라 원더풀 아일랜드는 전문 디자이너와 게더타운 설계자가 협업해서 만든 것입니다. 개인이 이렇게까지 만들기는 어렵지만, 디자인만 전문가에게 맡겨서 받은 뒤 게더타운에 백그라운드 이미지로 업로드하고 나머지는 직접 개발할 수 있습니다.

LG CNS Town

LG CNS는 게더타운에 정말 타운을 만들었습니다. 타운에 입장하면 사람처럼 생긴 오브젝트가 있어서 안내합니다. 사람 오브젝트 머리 위에 물음표도 있고, 오른쪽 위에는 튜토리얼도 있어서 처음 입장해도 아무 문제 없이 따라갈 수 있습니다.

그림 18-11 입장하자마자 아무 문제 없이 안내를 받을 수 있다.

위로 올라가면 분수가 있는 로터리가 나타납니다. 여기서 두 길을 안내하는데 원하는 길로 이동하면 됩니다. 문을 사용하는 것보다 너른 로터리를 만들어서 투어하는 듯한 느낌을 들게 하고 있습니다.

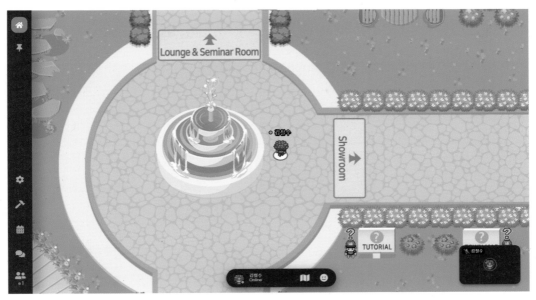

그림 18-12 길이 시원시원하다.

쇼룸에 들어가면 원형 공간이 나타납니다. 각 부스 앞에 서면 해당 주제의 사이트와 연결됩니다.

그림 18-13 원형 쇼룸으로 꾸몄다.

부스에서 X 키를 누르면 해당 주제의 웹사이트를 볼 수 있다. 여기서 동영상을 재생하거나 소개 자료를 볼 수 있다.

그림 18-14 세부 내용은 웹페이지로 연결한다.

라운지로 이동하면 퀴즈를 풀 수 있는 공간도 마련돼 있다.

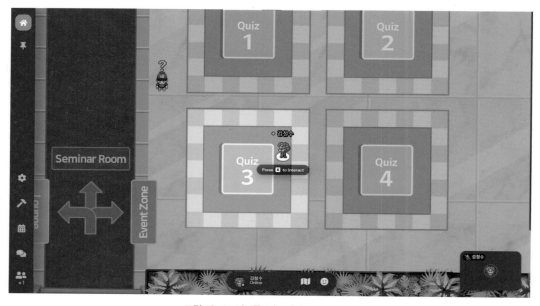

그림 18-15 퀴즈를 푸는 이벤트 존이 있다.

퀴즈를 풀기 위해 X 키를 누르면 실제로 퀴즈를 풀 수 있고 다 맞추면 치킨 쿠폰도 준다.

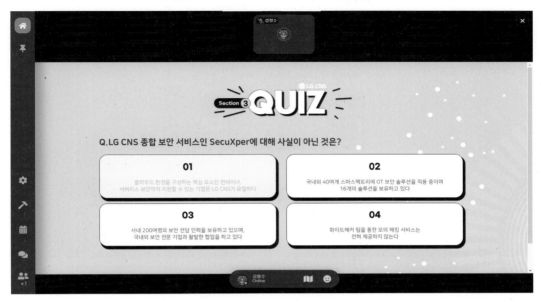

그림 18-16 퀴즈를 푸는 재미도 쏠쏠하다.

LG CNS Town은 비즈니스 쇼룸과 단정한 라운지와 이벤트 존이 깔끔하게 만들어져 있습니다. 디자인을 엄청 화려하게 하지 않더라도 외부 웹페이지 등을 적절히 연동해 상호작용을 활발하게 만들었습니다.

Room Escape: Prison Break

이번에는 게더타운 한국 커뮤니티가 만든 방 탈출 맵을 살펴보겠습니다.

그림 18-17 방 탈출을 어떻게 하는지 볼 수 있다.

이 스페이스에 접속하면 작은 방에 갇힙니다. 물론 밑으로 내려와서 로비로 갈 수는 있지만, 방문을 열고 나갈 수는 없습니다. 왜냐하면 비밀번호가 있기 때문입니다.

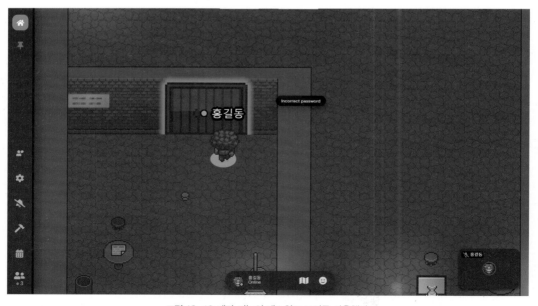

그림 18-18 베타 기능의 패스워드 도어를 사용했다.

비밀번호 힌트는 문 왼쪽에 이미지 미리 보기로 보여주고 있습니다. 힌트를 잘 보고 EXIT의 값, 즉 숫자 4자리를 찾으면 됩니다.

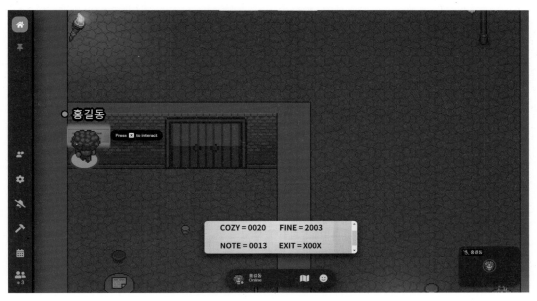

그림 18-19 힌트는 이미지 미리 보기로 보여준다.

도어 비밀번호를 입력하려면 문 앞에서 키보드의 X 키를 누르면 됩니다.

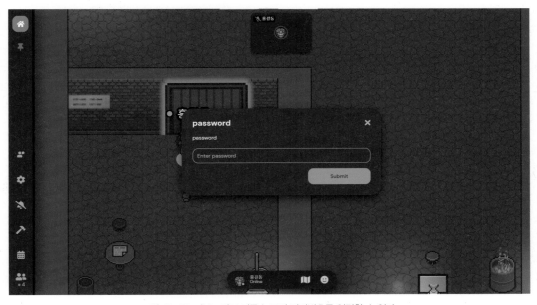

그림 18-20 키보드의 X 키를 누르면 비밀번호를 입력할 수 있다.

비밀번호를 정확히 입력하면 문이 열리고 방 밖으로 나갈 수도 들어갈 수도 있습니다.

그림 18-21 패스워드 도어를 이용해서 방 탈출을 쉽게 만들 수 있다.

이 맵에 처음 들어가면 화면 크기가 안 맞아서 다음 그림처럼 반쪽만 보입니다.

그림 18-22 캔버스 줌이 안 맞아 이상하게 보인다.

이때는 유저 설정에서 Use Smart Zoom을 해제한 뒤 Manual Canvas Zoom을 크게 선택하면 됩니다.

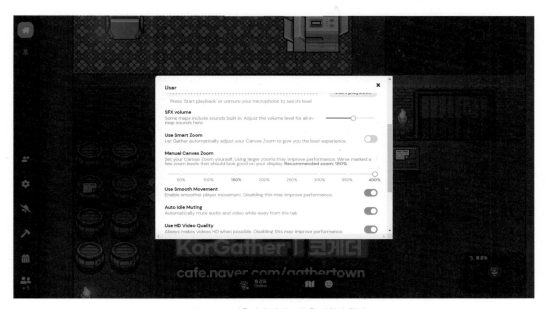

그림 18-23 사용자가 캔버스 줌을 맞춰야 한다.

아주 간단한 방법으로 방 탈출 게임을 만들 수 있습니다. 물론 다양한 힌트와 배경 디자인이라는 콘텐츠를 먼저 설계해야 합니다. 무턱대고 맵 메이커부터 열어서는 안 됩니다. 항상 콘텐츠가 먼저, 그다음이 게더타운입니다.

T-Cafe

전문적인 디자이너가 아니더라도 월앤플로어 기능만으로 아주 멋진 카페를 만들 수 있습니다. 이 스페이스는 월앤플로어 기능만으로 바닥을 바둑판처럼 구분해서 칠했고 다양한 오브젝트를 잘 배치했습니다. 흠잡을 데 없는 멋진 카페를 만들었습니다.

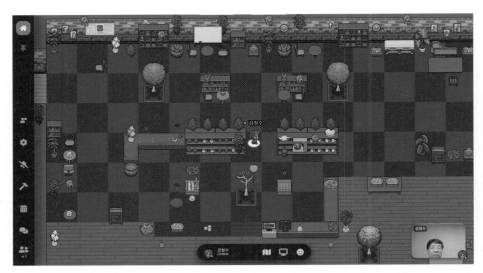

그림 18-24 정말 멋진 카페를 월앤플로어 기능만으로 만들었다.

그런데, 이 카페를 처음 접속하면 다른 사람들이 아무렇게 오브젝트를 추가한 것을 볼 수 있습니다. 스페이스 설정에서 글로벌 빌드를 활성화했기 때문입니다. 외부에 공개할 때는 특별한 목적이 있는게 아니라면 글로벌 빌드를 꼭 비활성화해야 합니다.

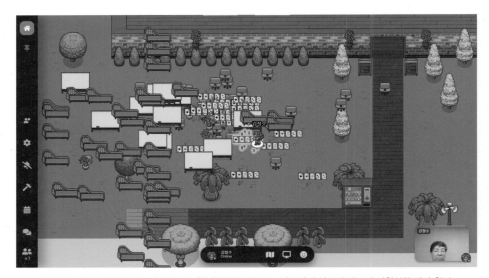

그림 18-25 글로벌 빌드는 기본적으로 활성화되어 있으므로 필요하지 않으면 반드시 비활성화 해야 한다.

지금까지 게더타운 익스플로어 사례를 알아봤습니다. 많은 돈을 들여서 전문적으로 만들 수도 있고 간단한 아이디어와 노력만으로도 충분히 멋진 스페이스를 만들 수 있습니다. 지금 바로 도전해 보십시오.

신입사원 교육용
메타버스 연수원 개발 후기

저는 D사에서 교육팀에 근무하고 있습니다. 주 업무는 아이들을 가르치는 선생님을 대상으로 교육 서비스를 기획하고 운영하며 제공하는 것입니다. 그중에서도 특히 신입 교육은 매월 실시하는 만큼 교육팀 내부적으로 가장 빈번하게 운영되는 교육입니다. 많게는 100명, 적게는 30~40명 정도의 신입 선생님들이 꾸준히 입소합니다. 회사를 처음 접하는 분들인 만큼 대다수가 만족할 만한 수준의 게더타운 연수원을 꾸미고 싶었습니다.

연수원 구조 설계하다

기존 시설 분석에서 시작하다

신입 교육을 진행해 왔던 경기도 이천의 D연수원을 떠올렸습니다. 어떻게 만들지 감이 잘 오지 않다 보니 우선 익숙한 지형에 맞춰 설계해 보기로 했습니다. 그렇게 간단하게 파워포인트로 구조를 설계했습니다. 초기에 연수원을 이와 같이 설계한 이유는 게더타운이 가진 커뮤니케이션 기능을 최대한 활용하고 싶었고, 또한 기존에 신입 교육 시 활용하던 프로그램을 맵에서도 그대로 운영하고 싶었기 때문입니다.

D사의 신입 교육은 일반적으로 숙박 형태로 진행합니다. 따라서 로비에는 50명 이상이 함께 대화를 나눌 수 있는 연회실과, 소규모 미팅이 가능한 휴게실을 넣었습니다. 때로는 야외 숲길로 나가 산책하며 대화를 즐기는 교육생을 자주 목격했기 때문에 로비 항목 안에 포함했습니다.

세미나실과 중 강의실의 활용 목적은 동일합니다. 이 둘의 차이점은 수용 인원입니다. 신입 교육의 특성상 수용해야 하는 인원이 수시로 바뀌기 때문에 100명 이상을 수용할 수 있는 공간과 50명 미만의 소규모 강의장 2개를 별도로 배치했습니다. 그리고 그에 따른 진행자 자리와 강사 대기실, 그리고 소회의실까지 꼼꼼히 챙겼습니다.

마지막으로 숙소도 배치했습니다. 실제로 온라인상에서 함께 수면을 취하는 공간은 아닙니다. 저는 신입 교육이 끝나면 숙소에서 담소를 나누다 잠이 드는 교육생들을 떠올렸습니다. 그래서 게더타운 상에서 교육 종료 후 잠시 대화를 나눌 수 있는 공간을 설계하길 희망했습니다. 요즘 직장인 사이에서 유행하는 비대면 회식에서 아이디어를 얻었죠.

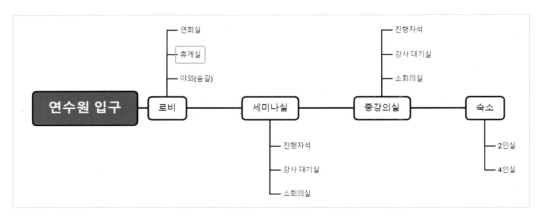

그림 19-1 기존 교육 시설을 기반으로 가상의 구조를 먼저 설계했다.

배보다 배꼽이 커지다

그런데 설계 초기부터 문제가 발생합니다. 바로 방 1개당 제작 시간입니다. 처음 방을 설계할 때에는 그래도 내 손으로 직접 만들겠다는 생각으로 시작했습니다. 여러 가지 템플릿이 있었지만, 따로 사용하지 않았고 하단의 빈 화면(blank)에서 시작하였습니다. 이름 그대로 아무것도 없는 도화지 위에 그림을 그려야 하는 상황인 것입니다.

빈 화면에서 시작하다 보니 의외로 시간이 꽤나 소요됩니다. 조금 더 교육생들의 관심을 끌기 위해 적시 적소에 오브젝트를 배치하여 상호 작용을 세팅해야 합니다. 그리고 화분이나 조명 등 다양한 디테일에 신경을 써야 합니다. 그런데 제가 사실 이런 부분에 매우 약합니다. 인테리어를 하면서 자괴감을 느끼긴 처음입니다. 그래도 열심히 해보려고 이것저것 두루 만져 봤습니다.

점점 배보다 배꼽이 더 커져 갑니다. 교육 효과를 높이기 위해 게더타운을 도입하려 했던 것인데 사소한 오브젝트 활용에 너무 많은 시간을 소비하고, 어느 순간 게더타운을 활용하는 목적을 상실한 자신을 발견했습니다.

본질에 집중하다

저는 초기 연수원 설계 화면을 대폭 축소하고 본질에 집중하기로 결단을 내립니다. 현실을 반영한 메타버스 연수원이라고 하더라도 방이 너무 많고, 통제하지 못할 정도로 무의미하게 넓다면 열심히 만든 의미가 없어집니다. 신입 교육이나 기타 오프라인 과정을 운영했을 때 교육담당자로서, 때로는 강사로서 스스로 어떤 행동을 했는지 떠올려 보고, 행동 패턴에 가장 적합하면서도 정말 필요한 것만 만들어 보기로 했습니다.

최종적으로는 초기 설계에 비해 간단해졌습니다. 오리엔테이션을 진행하기 위한 연수원 입구, 커뮤니케이션의 장을 위한 로비, 실제 강의를 위한 강의실, 총 3개 공간으로 구성하기로 했습니다. 다다익선의 상황도 분명 존재하나 상황이 달라지면 과유불급이 될 수도 있기 때문에 정말 필요한 것만 만들기로 했습니다.

그림 19-2 구조를 완전히 단순화했다.

게더타운의 사용법을 알려주는 연수원 입구를 만들다

신입사원 교육 진행 전에 실시하는 오리엔테이션 시 가장 먼저 안내하는 항목은 무엇입니까? 진행하는 담당자의 성향에 따라 조금 다를 수 있지만, 저의 경우 일반적으로 전반적인 시설을 안내합니다. 숙소나 식당의 위치를 알려주고 입소 시 필요한 정보를 가장 먼저 알려줍니다.

그런데 메타버스에서의 시설 안내는 조금 다릅니다. 게더타운이 비교적 쉽고 단순해 보이는 프로그램이라고 할지라도 나름의 인터페이스와 소통의 방식이 있기 때문에 이를 알지 못하면 제대로 활용할 수 없습니다. 처음 접속할 경우 게더타운 자체적으로 제공하는 튜토리얼 화면으로 연결되는데, 모두 영어로 돼 있다 보니 대부분의 사용자가 튜토리얼을 건너 뛰고 바로 스페이스로 접속하는 경우가 대다수입니다.

저는 교육생들이 정말 아무것도 모르는 사람이라고 가정하고 안내를 진행합니다. 게더타운 활용의 가장 기초라고 할 수 있는 화살표 이동과, 키보드의 X 키를 눌러 오브젝트 또는 다른 연수생과 상호작용하는 방법을 가장 먼저 알려줘야 합니다. 그래서 맵에서 화살표 키로 이동하는 방법과 오브젝트와 상호작용하는 방법을 지도 위에 텍스트로 넣었습니다. 화면에서 바로 보이게 만들어 직관적으로 알 수 있게 했습니다.

안내 페이지는 매우 단순하게 강의실 로비로 이동할 수 있게 디자인했습니다. 사실 초반에는 미로처럼 꾸며볼까 생각했습니다. 그런데 괜히 복잡하게 만들어서 실제 강의실 입실이 늦어지거나 맵 상에서 헤매게 되면 결국 손해 보는 사람은 교육 담당자입니다. 교육생은 안내 메시지를 따라 디귿자 모양으로 이동한 다음 좌측 하단에 있는 포털로 이동합니다. 좌측 하단으로 이동 시 로비로 연결되며, 반대로 로비에서 연수원 입구로 다시 입장할 수도 있습니다.

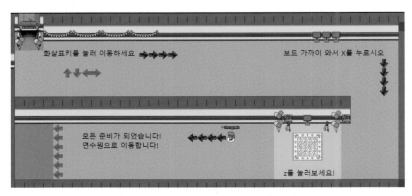

그림 19-3 연수원 입구에서 게더타운 사용법을 익히게 했다.

자연스러운 대화를 위한 로비를 만들다

게더타운의 커뮤니케이션 장점을 적극적으로 활용해 설계한 곳이 로비입니다. 자연스럽게 만나서 대화도 가능하고 별도로 주어진 공간에서 비밀스러운 대화도 가능하며 간단하지만 작은 게임을 즐기며 사교 활동을 즐길 수 있는 공간이기 때문입니다.

연수원 입구에서 로비로 이동하는 포털에 올라서면 로비의 왼쪽 위로 이동합니다. 문에 입장하자마자 바로 옆에 있는 ①보드가 노란색으로 활성화되어 출석 체크를 할 수 있습니다. 출석 체크는 패들릿 링크를 삽입했습니다. 패들릿에서 본인의 성명과 본 교육에 기대하는 바를 입력하게 했습니다.

아래쪽으로 내려오면 이미 접속한 사람들과 마주하게 됩니다. 로비의 폭을 좁게 만들어 서로의 캐릭터 근처에 다가가면 자연스럽게 카메라가 활성화되게 했습니다. ②배치된 테이블에 캐릭터를 이동하면 마치 의자에 앉은 듯합니다. 맞은편 의자에 누군가 앉으면 두 사람만 조용히 대화할 수 있습니다.

③오른쪽 아래에는 카드 게임과 테트리스를 할 수 있는 테이블을 두었습니다. 이 공간에 앉으면 테이블에 앉은 사람들끼리 사적 공간이 활성화되면서 함께 게임을 즐길 수 있습니다. 이 외에도 피아노나 기타처럼 가상으로 연주할 수 있는 오브젝트도 존재합니다. 이러한 점에 착안하여 별도의 연회 룸이나 카지노도 만들어 볼까 고민했습니다만 적절치 않아서 제외했습니다.

마지막으로 ④진행자석입니다. 사실 게더타운 연수원을 설계하면서 전체 룸을 3개로 구성한 이유 중의 하나가 교육을 운영할 때 연수원 여기저기에 잘 숨어 있는 교육생을 찾아 돌아다녔던 경험도 한몫합니다. 그래서 진행자석에 스포트라이트 공간을 배치했습니다. 게더타운으로 연수원을 운영할 계획이 있는 교육담당자 여러분께 추천할 만한 기능입니다.

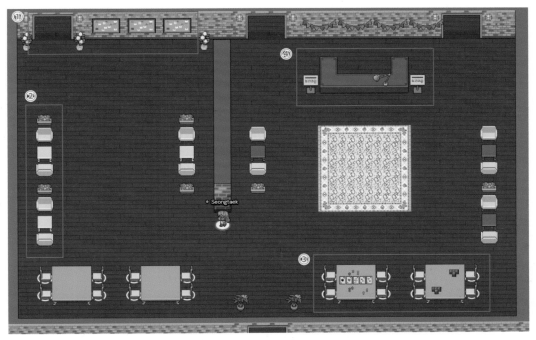

그림 19-4 학습자가 서로 소통할 수 있는 로비를 만들었다.

통제 가능한 강의실을 만들다

세미나실과 중 강의실을 합치다

강의실은 메타버스 연수원에서 가장 핵심이 되는 공간입니다. 기업 교육의 목적을 달성하기 위해 설계된 공간이기 때문이죠. 저희 회사에서 진행하는 신입 교육의 경우 주로 강의 형식으로 교육을 진행하고, 필요에 따라 모둠별 활동이 진행되는 형태로 운영되는 만큼 그에 맞춰서 강의실을 설계했습니다.

초기 설계에서는 세미나실과 중 강의실을 별도의 공간으로 구성하려 했습니다. 일반 강의는 세미나실에서, 모둠별 활동이나 액티비티는 중 강의실에서 진행하려고 했습니다. 그러나 세미나실에서 중 강의실로 이동할 때 교육생이 완벽하게 협조해 줄 것이라고 생각하지 않습니다. 길을 잃은 부류도 있을 것이고 잠깐 다른 곳으로 이동하는 사람들도 발생할 수 있습니다. 따라서 애초에 그런 변수를 제외하고자 아예 세미나실과 중 강의실을 합치는 형태로 강의실을 구성했습니다.

그에 따라 좌측에는 일반 강의실처럼 테이블을 세팅했고 우측에서는 조별 모임이 가능하도록 구성했습니다. 테이블과 의자 추가는 어렵지 않은 만큼 최대 60명에 이르는 교육생을 수용할 수 있습니다. 저는 한 장소에 활동 장소를 모아 구성하는 것이 낫다고 생각했습니다. 그래서 룸 하나에 일반 강의실 책상 배열과 소회의실을 모두 넣었습니다.

왼쪽 위 강사석과 좌측의 진행자석에 스포트라이트 존을 설정했습니다. 교육생에게 소모임 장소로 이동할 것을 안내하거나, 소모임 와중에 별도 안내가 필요할 경우 스포트라이트 기능을 활용하면 보다 편리하게 교육생에게 안내할 수 있습니다.

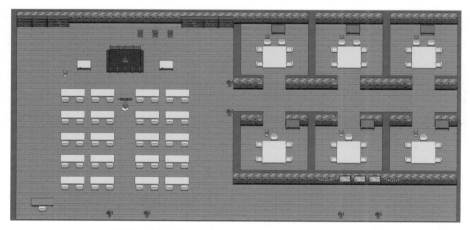

그림 19-5 하나의 룸에 대형 강의실과 소회의실을 모두 구성했다.

소회의실에 자리를 하나 더 만들다

소회의실은 기본 5~6명으로 배치돼 있습니다. 강사와 사전에 몇 개의 소그룹이 필요한지, 소그룹당 몇 명의 모둠 인원을 배치해야 하는지 논의하고 이후 의자의 개수와 프라이빗 에어리어를 세팅합니다.

이때 모둠 인원수에 1명을 꼭 추가하기 바랍니다. 4인 활동 시 5명의 사적 공간을 세팅해 두지 않으면 활동 도중에 강사가 소그룹 활동이 잘 진행되고 있는지 살펴볼 수 없기 때문입니다. 물론 소그룹 활동이 진행되는 와중에도 바로 맵 메이커 상에서 수정이 가능합니다만 보기에 썩 좋아 보이진 않습니다. 그래서 저는 소회의실 단상 앞에 비어 있는 공간을 강사 자리로 세팅해 두고 이곳도 별도의 사적 공간으로 지정해서, 추후 강사가 소그룹 활동 시 이곳으로 이동하면 회의 모습을 관찰할 수 있다고 미리 이야기할 생각입니다.

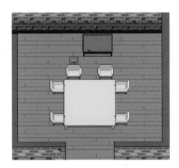

그림 19-6 소회의실에 강사와 여유 자리를 추가하다.

해상도를 고려해서 만들다

강의실을 설계할 때 크기에 대한 고민이 많을 것으로 여겨집니다. 얼마나 크게, 또는 얼마나 작게 만들어야 효율적인 강의가 될 수 있을까, 저 또한 고민을 많이 했는데요. 우선 교육생이 가지고 있을 컴퓨터의 모니터를 고려해 준비했습니다. 4K를 뛰어넘어 8K 이상의 고해상도 모니터가 속속 등장하고 있지만, 대중적이며 또한 보편적인 해상도는 FHD입니다.

저는 FHD 환경에서 한눈에 전체 강의실을 조망할 수 있는 크기로 만들었습니다. FHD 해상도는 1920×1080픽셀을 의미합니다. 게더타운의 타일 1개 크기는 32×32픽셀이므로 FHD 해상도의 크기에 맞춰 타일의 픽셀 수를 나누면 가로 60개 타일, 세로 33개 타일이 됩니다.

책상 위에서 못 뛰게 하다

강의실 내에 책상을 배치할 때는 꼭 통과되지 않는 구역(Impassable)으로 지정해야 합니다. 생각보다 교육생 인원이 많다는 가정하에, 기존 강의실 테이블 양옆에 다른 테이블을 추가로 붙이는 연습을 했습니다. 물론 통과가 되지 않는 공간으로 배정하지 않았습니다.

그리고 아무 생각 없이 강의실로 입장했다가 다른 교육담당자들이 테이블 위로 올라가는 모습을 연출하고 말았습니다. 영화 "죽은 시인의 사회"에 나오는 명장면을 구현하고 싶지 않다면 통과되지 않는 구역으로 꼭 설정해야 합니다.

게더타운은 정말 매력적인 프로그램입니다. 교육담당자 입장에서도 크게 어렵지 않고 현업에서 즉각 활용할 수 있습니다. 교육생도 마치 게임에 접속하는 것처럼 수강할 수 있기 때문에 심리적 저항감도 낮습니다. 별도의 설치 없이 구글 계정 또는 기타 메일 계정만 있으면 바로 접속할 수도 있습니다. 줌이나 시스코처럼 반드시 회의 룸을 개설해야 만날 수 있는 것에 비해 나름 자연스러운 만남과 대화가 가능합니다.

저는 처음에 게더타운이라는 메타버스 프로그램을 발견했을 때, 유레카를 외쳤습니다. 기존에 활용하던 비대면 화상회의 프로그램의 단점을 한 번에 상쇄시킬 수 있을 정도의 매력을 가지고 있기 때문입니다. 기업교육 전반에 게더타운을 한번 도입해 보십시오.

토의토론 능력 배양을 위한
메타버스 공부방 만들기

토론 수업을 메타버스에서 해야 하는 이유

휴대폰으로 게임하는 조카를 보다가 불현듯 아이들 수업에 게더타운을 활용해보는 것이 어떨까 생각이 들었습니다. 학교 현장에서는 줌이나 시스코 혹은 구글 팀즈 등을 활용해 수업을 하는 것으로 알고 있습니다. 하지만 이런 프로그램은 학교 수업을 위해 특별히 만들어진 프로그램이 아니라 기업의 비대면 회의나 세미나를 지원하기 위해 만들어진 범용 프로그램이다 보니 즐거움의 요소가 다소 부족했던 것도 사실입니다.

게더타운은 다른 비대면 화상프로그램에 비해 아이들에게 색다른 즐거움을 줄 수 있습니다. 아이들은 자신의 캐릭터를 조종하며 움직입니다. 이동하며 만난 친구들과 자연스럽게 대화합니다. 딱히 할 이야기가 없으면 그냥 지나갑니다. 친구들과 대화하고 싶으면 친구를 찾아가면 됩니다. 컴퓨터로 만나니 굳이 마스크를 쓰지 않아도 되고, 친구들과 서로의 표정을 바라보며 대화를 할 수 있습니다.

게다가 게더타운은 얼핏 보면 게임 화면과 크게 다르지 않습니다. 게임을 딱히 좋아하지 않더라도 줌과 같은 비대면 화상회의의 경직되고 딱딱한 분위기보다는 게더타운과 같이 재미가 가미된 분위기가 훨씬 낫습니다.

학부모라면 2024년부터 적용되는 2022 개정교육과정에 대해 어느 정도는 알고 계실 것입니다. 교육과정 내에 자율성이 확보되고 진로 교육이 강화되는 등, 2022 개정교육과정부터 고등학생은 자신의 진로에 맞춰 교육과정을 설계하고 그에 따라 대입 제도도 대폭 바뀔 예정이죠. 학생의 주도성을 살려주는 것이 새로 개정된 교육과정의 핵심입니다.

아이들은 적극적으로 자신의 미래를 탐색하고 끊임없이 고민해야 합니다. 자기 자신을 명확하게 표현하고 주장을 논리적으로 조리 있게 이야기할 수 있는 능력이 중요합니다. 기존의 지식을 활용해 나만의 무언가로 만들 수 있는 창의성도 필요합니다. 토의와 토론이 부각될 수밖에 없는 이유가 여기에 있습니다.

그러나 코로나19로 인해 비대면 학습이 새로운 일상이 된 상황에서, 서로 얼굴을 맞대고 수업을 진행하거나 서로의 의견을 나누고 자신의 생각을 말하는 토의토론 수업이 학교 일선에서 원활하게 진행될 수 있는가에 대해서는 저도 회의적일 수밖에 없습니다. 제가 게더타운으로 토의토론 수업을 진행하는 방법을 고민하게 된 계기 중 하나입니다.

토론 수업 공부방을 설계하다

게더타운으로 공간을 만드는 것은 두 번째이긴 합니다만, 초반 설계를 어떻게 해야 할지 감을 잡기 어려운 건 두 번째라고 해서 크게 다르진 않습니다. 우선 기존에 신입 교육 연수원을 설계했던 화면을 떠올리며 공부방 설계를 반추해 봅니다.

실제 학원과 수업을 모니터링하다

아이들은 게임에 진심입니다. 받아들이는 속도는 눈이 부십니다. 눈 깜박할 사이에 어른의 실력에 버금갈 정도로 빠르게 성장합니다. 아이들을 대상으로 게더타운을 설명할 때 별도의 안내 화면은 필요하지 않습니다. 사용 전에 미리 언질만 해줘도 충분합니다. 게더타운을 활용하는 방법이 설명된 영상을 보여주거나, 별도로 영상 편집 프로그램이나 파워포인트를 이용하여 영상으로 만들어 제공하는 형태로 말입니다. 어차피 게더타운에 들어오는 순간 새로운 '놀이터'에서 이것저것 구경하기 바쁜 아이들의 모습을 보실 수 있습니다. 아이들의 호기심은 그야말로 대단합니다.

안내 페이지는 생략하고 실제로 필요한 요소가 무엇인지 고민합니다. 가장 먼저 드는 생각은 휴게 공간의 필요성 여부입니다. 공부방은 놀이터가 아닙니다. 수업을 위한 가상의 공간입니다. 게더타운 화면이 게임처럼 보인다고 해도 공부방은 공부방입니다. 아이들의 즐거움을 위해 별도의 휴게 공간을 배치했다가 도리어 놀이방이 될 위험이 있습니다. 따라서 실제 수업할 공간 안에 잠시 대화를 나누거나 수업 준비를 하는 공간 정도만 제공해도 무방합니다.

실제로 아이들을 가르치는 선생님 공부방에 방문하여, 토의토론 수업을 진행하는 장면을 모니터링한 적이 있습니다. 재밌는 점은 선생님 공부방 옆에 별도의 대기실이 있어, 수업 전에 도착한 아이들이 책을 보며 수업을 준비하고 있었습니다. 물론 잡담을 하며 친구들과 대화하는 경우도 많았지만 대부분 수업에서 읽을 책을 보거나 또는 공부방 내에 다른 책을 보며 시간을 보내고 있었습니다. 이 점에 착안하여 공부방을 구성했습니다.

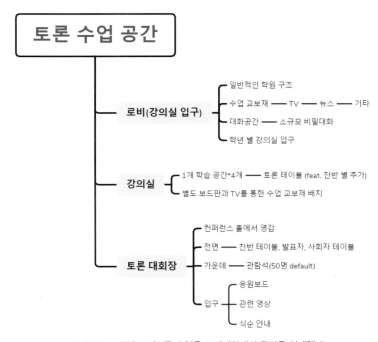

그림 20-1 실제 토의토론 수업을 모니터링해서 공간을 설계했다.

공간을 세부적으로 설계하다

실제 수업을 하는 공간으로 연결되는 로비는 각 학년으로 구성된 방으로 이동할 수 있는 문을 배치합니다. 일반적인 학원 구조를 떠올려 보면 쉽습니다. 로비에는 수업과 관련된 영상이나 뉴스를 링크해두고 읽을 수 있도록 준비합니다. TV나 보드판을 활용해 자유롭게 살펴볼 수 있도록 배치할 예정입니다. 필요할 경우 친구들과 서로 이야기를 나눌 수 있도록 비밀대화 공간도 세팅합니다.

로비에서 안으로 조금 더 이동하면 각각의 방이 나옵니다. 학년별로 방마다 입장 가능하며, 시간대별로 수업을 따로 진행할 수 있도록 기본 6~8인으로 테이블을 세팅합니다. 그리고 토론 수업 전이나 토론 중에 찬성과 반대 측이 자기 구역별로 잠시 대화를 나눌 수 있는 공간도 마련해야 합니다. 이렇게 하나의 학습 공간이 마련되고, 1개의 공간에 약 4~6개 정도를 연결합니다. 이렇게 하나의 강의실이 됩니다.

세 번째는 토론 대회장입니다. 토론 대회장은 학부모를 대상으로 지식 전달 위주의 강의를 하거나 큰 규모의 토론 시연회를 운영하는 것에 맞춰 구성했습니다. 큰 연수원이나 콘퍼런스 홀을 떠올리면 이해하기 쉽습니다. 제가 토론 대회장을 기획하고 설계한 이유는, 실제로 현업에서 소규모 토론 대회를 운영하는 선생님들이 계시고, 과거 많은 사람 앞에서 이야기를 했던 경험이 저의 자존감 향상에 도움이 됐던 경험을 상기시켰기 때문입니다. 요즘 많은 사람들이 한 장소에서 모이기 힘든 상황이다 보니, 청중 앞에서 이야기를 이끌어 나가는 경험 자체가 부족한 친구들이 많습니다. 그래서 토론 대회장을 통해 간접적으로 청중 앞에 서 봄으로서 자존감을 향상시키고자 하는 것이 목표입니다.

학습 자료가 있는 로비를 만들다

로비의 모습은 일반적인 학원 모습에서 영감을 얻었습니다. 일반적으로 학원 로비는 잠깐 휴식할 수 있는 공간이 있고, 각각의 방으로 입장할 수 있는 문이 있습니다. 게더타운 로비에서도 학원과 마찬가지로 잠깐 휴식할 수 있는 공간과 수업 들어가기 전에 잠시 대기할 수 있는 곳, 그리고 학년별로 입장할 수 있는 게이트를 배치했습니다.

처음 토론 공부방 공간에 접속하면 아이들은 로비를 마주하게 됩니다. 맵에 ①화살표를 배치해서 아이들의 움직임을 유도합니다. 화살표를 따라 이동하면 자연스럽게 ②알림판 보드 가까이 다가가게 됩니다. 이 때 X 키를 눌러 알림판 보드와 상호작용을 하게 되면 학년별로 확인이 가능한 학습 자료실로 안내합니다. 학년별 학습 자료실에는 오늘 수업에 들어가기 전에 미리 살펴보면 좋을 법한 영상이나 신문 기사, 관련 글의 링크를 제공합니다.

학년별로 모여서 수업 이야기를 나누거나 잠시 대기할 수 있는 ③공간도 준비했습니다. 각 학습 자료실마다 2개씩 배치해 놓았습니다만, 그렇다고 꼭 그 자리에 그 학년 친구들만 앉으라는 법은 없습니다. 이렇게 배치했지만 아이들은 자기가 원하는 자리에 자유롭게 앉아 대화를 나눌 것입니다.

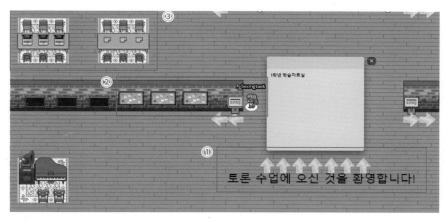

그림 20-2 공부방 로비(강의실 입구)를 실제 학원처럼 만들었다.

로비에서 위로 올라가면 학년별로 강의실로 들어가는 입구가 있습니다. 입구 바닥에 텍스트로 안내를 합니다.

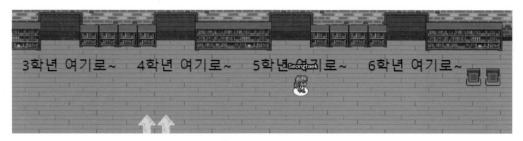

그림 20-3 로비에서 학년별로 교실에 입장하게 했다.

토론 수업에 최적화한 강의실을 만들다

강의실 전체 구조를 살펴보겠습니다. 사실 처음에는 강의실 하나에 1개 그룹만 수업할 수 있는 공간으로 준비하려고 했는데요. 같은 학년의 친구들이라도 학습 수준이나 성향 등에 따라 그룹을 나누어 수업을 진행할 수 있고, 아이들의 학원 스케줄에 따라 수업을 들을 수 있는 시간도 달라질 수 있는 만큼 강의실 안에 수업할 수 있는 공간을 넉넉하게 4개 정도로 구성했습니다. 수업 시작과 끝을 알릴 때를 위해 강의실 가운데에 스포트라이트 영역을 설정하고 단상을 추가로 배치해 보다 원활하게 수업을 운영할 수 있도록 했습니다

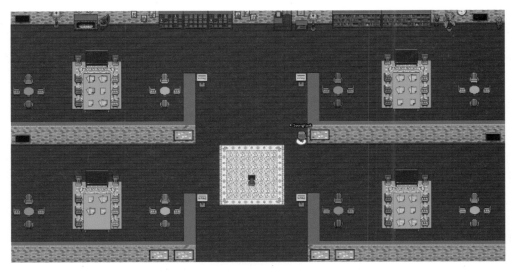

그림 20-4 가운데에서 수업을 운영할 수 있도록 만들었다.

일반적인 학원이나 공부방에 비해 토론 공부방은 대체로 책상을 대치 구도로 배치합니다. 아무래도 찬성과 반대로 나뉘어 서로의 의견을 교환하는 토론을 진행하거나, 서로의 중지를 모아 좋은 아이디어를 산출하는 토의를 할 때 서로 머리를 맞대고 대화를 나눌 수 있는 테이블 배치가 효과적입니다. 테이블 앞에 칠판, 그리고 칠판 양옆에 찬반 발언대도 배치했습니다.

6인 테이블 옆으로 작은 4인 테이블도 보일 텐데요. 이 테이블은 바로 토론 수업 시 작전 타임 때 활용할 수 있는 테이블입니다. 즉 토론을 진행하다가 작전 타임이 필요할 때 찬성 측은 좌측, 반대 측은 우측의 테이블에 앉아 서로의 논지를 정리할 수 있도록 구성했습니다. 작전 타임이 종료되면 다시 가운데 테이블로 이동하여 토론을 진행합니다.

그림 20-5 작전 타임을 위해 4인 테이블을 양옆에 만들었다.

현실과 비슷한 토론 대회장을 만들다

조금 큰 규모의 학원을 운영해본 분들은 학부모 설명회를 진행해 보신 경험이 많습니다. 작은 규모의 공부방이나 교습소의 경우 아이들을 모아 놓고 소규모 파티를 운영해 본 분들도 많습니다. 이와 같은 이벤트를 운영할 때 가장 큰 걸림돌은 비용입니다. 많은 분이 참석할 수 있는 공간을 빌려 행사를 진행할 때 수백, 또는 그 이상의 비용이 들 수도 있기 때문에 제대로 마음먹고 진행하기가 쉽지 않죠.

큰 학원의 경우 공간 활용을 통해 소규모 모임을 운영할 수도 있었지만, 근래 들어서는 코로나19로 인해 아예 모임 자체가 금지됐습니다. 그렇다고 학부모와의 연결 고리를 그냥 내버려 둘 수 없습니다. 그래서 저는 토론 대회장을 만들어서 이곳에서 학부모와의 소통을 진행하려고 했습니다.

저는 애초에 토론 공부방 설계할 때부터 찬성과 반대 측 책상을 녹색과 노란색으로 구별했습니다. 따라서 처음 이 대회장에 접근한 아이들도 녹색은 찬성 측, 노란색은 반대 측이라는 것을 자연스럽게 인식할 수 있겠죠? 가급적 색상에 통일성을 주어서 아이들이 보다 편하게 토론 대회장에 들어올 수 있도록 구성했습니다.

사실 토론 대회장이라고 해서 매우 거창하게 생각하실 분들도 계시리라 생각됩니다. 하지만 사실 이 정도만 갖추어도 토론 대회를 진행하는 데 전혀 문제가 없습니다. 괜히 욕심부려서 200~300명이 들어갈 공간을 채우는 것보다 참석이 가능한 적정 인원만 세팅해도 전혀 문제 되지 않습니다.

찬반 측 테이블에 종이 오브젝트가 있는데, 여기에는 토론 참가자가 구글 문서나 기타 문서를 토론하는 와중에 살펴볼 수 있도록 링크를 걸어 둡니다. 토론 도중에 팀원 간 자료를 공유할 때 유용합니다. 단상 가운데에는 각 토론 발표자가 발표를 진행하는 공간입니다. 입론이나 반론 시 각각 찬성 측 또는 반대 측 발언대에 서서 발언하면 됩니다. 때로 행사를 운영할 때 사회자나 심판, 또는 선생님께서 이 위치에 계시면 됩니다.

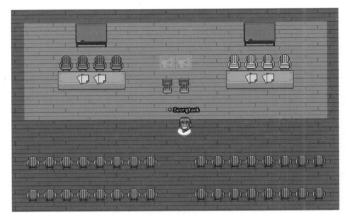

그림 20-6 의자 색깔을 달리해서 바로 자기 자리를 찾아갈 수 있도록 했다.

본질에 집중해서 게더타운을 만들자

처음 게더타운을 접할 때가 생각납니다. 바닥을 칠하고 벽을 세운 뒤, 별로 어렵지 않다고 생각하고 오브젝트 화면을 열었는데, 보기와는 다르게 꽤 복잡했습니다. 어디에 무엇을 어떻게 배치해야 하나, 머릿속에 온갖 육하원칙으로 가득했습니다. 글쓰기의 디테일을 살릴 때는 정말 디테일이 살 때까지 계속해서 수정하다 보면 언젠가는 디테일을 살릴 수 있다고 생각하지만, 인테리어는 글쎄요. 정말 막막했습니다.

하지만 모르면 용감한 법입니다. 우선 이것저것 추가하고 나중에 지우자는 마음으로 아무 생각 없이 막 눌렀습니다. 문제는 그렇게 만들다 보니 어느 순간 공간에 대한 이해나 구성의 목적을 잃게 됐습니다. 게더타운 설계의 방향성을 상실한 것입니다. 왜 이 공간을 만들고 있는지 치열하게 생각하지 않고 그저 어떻게 하면 이 공간을 보다 아름답게 꾸밀 수 있는지 고심하는 저를 발견합니다.

게더타운은 참가자들이 정해진 공간에서 원활한 소통을 기반으로 주어진 목적을 달성하기 위한 하나의 방법이자 도구입니다. 따라서 게더타운, 메타버스가 그 자체로서 목적이 될 수 없습니다. 물론 예쁘고 아름답게 구성된 인테리어는 보기에도 좋고 참가자의 이목을 집중할 수 있습니다. 그러나 공간의 본질을 잊어서는 안 됩니다.

토론 공부방 꾸미기도 이러한 연장선상에서 설계됐습니다. 게더타운에는 아이들의 눈을 현혹할 수 있는 다양한 오브젝트가 존재합니다. 그리고 지금 이 순간에도 게더타운 개발자는 새로운 오브젝트를 꾸준히 개발하고 있습니다. 하지만 이번만큼은 과도한 꾸미기보다는 정말 수업 운용에 필요한 것만 배치해보자고 생각하고 준비했습니다. 주변에서 공부방이나 교습소, 학원을 운영하고 계신 분들을 통해 먼저 테스트를 진행할 예정이며, 너무 허전하고 심심하다는 반응이 나오면 그때 수정해도 늦지 않다고 생각합니다.

이 글을 읽는 분 중에는 꼭 게더타운이 아니더라도 다른 메타버스 플랫폼으로 특정한 공간을 구성하길 희망하는 분이 계실 것으로 생각합니다. 이분들께 다시 한번 말씀드리지만, 공간이 가지는 의미와 목적을 새겨야 실수와 반복을 줄일 수 있습니다.